QUELQUES PENSÉES

SUR

L'ÉDUCATION MORALE

PAR

LE BARON DE LENVAL

PARIS
LIBRAIRIE PLON
E. PLON, NOURRIT ET Cie, IMPRIMEURS-ÉDITEURS
RUE GARANCIÈRE, 10
1886

PARIS
TYPOGRAPHIE DE E. PLON, NOURRIT ET Cie
rue Garancière, 8.

QUELQUES PENSÉES

SUR

L'ÉDUCATION MORALE

PARIS. TYPOGRAPHIE E. PLON, NOURRIT ET Cie, RUE GARANCIÈRE, 8.

QUELQUES PENSÉES

SUR

L'ÉDUCATION MORALE

PAR

LE BARON DE LENVAL

PARIS

LIBRAIRIE PLON

E. PLON, NOURRIT ET Cie, IMPRIMEURS-ÉDITEURS

RUE GARANCIÈRE, 10

—

1886

C'était à l'intention du meilleur des fils que j'avais écrit ces Pensées. Aujourd'hui qu'il n'est plus, c'est à sa mémoire que je les dédie.

QUELQUES PENSÉES

SUR

L'ÉDUCATION MORALE

> Toutes les bonnes maximes sont dans le monde; il ne reste qu'à les appliquer.

I

INTRODUCTION.

Après toutes les pages admirables que l'éducation morale a inspirées aux plus grands auteurs, il peut sembler téméraire de s'attaquer à un sujet qu'on serait en droit de croire épuisé.

Pour que je me décide à tenter un tel essai, il faut que j'aie la conviction de l'insuffisance de leurs systèmes au point de vue de l'application pratique; sous ce rapport l'éducation morale peut, en effet, être considérée comme un sujet inépuisable.

Les grands moralistes ont généralisé un nombre considérable d'idées dont la réalisation doit préoccuper tous les hommes de bonne volonté : c'est donc un devoir pour eux de faire connaître le résultat de leurs propres réflexions et de leurs expériences personnelles, et de coopérer ainsi, même dans une faible mesure, à l'œuvre qu'il s'agit de mener à bien ; je suis précisément dans ce cas, et ce que j'apporte ici, ce sont des documents personnels : puissent-ils être de quelque utilité à tous ceux qu'intéresse la question de l'éducation morale pratiquement appliquée!

Précisons d'abord à qui s'adresse plus particulièrement ce travail.

Partant de ce principe si vrai, que l'éducation morale a pour but de rendre l'homme meilleur et par suite plus heureux, tous les humains sans exception ont évidemment un droit égal à cette éducation. A ce titre, un travail sur ce sujet concerne également tous les hommes, quel que soit le rang qu'ils occupent aux différents degrés de l'échelle sociale, puisque tous sont appelés à recueillir les fruits de l'éducation.

Mais il convient d'ajouter que si, en général, l'éducation est de l'intérêt de chacun, tous n'ont pas au même point la facilité de la mettre en pratique. Les préoccupations constantes et les besoins sans cesse renaissants de la vie matérielle absorbent, chez les classes moins aisées, presque tous les loisirs que demanderait le travail de l'éducation. On comprend dès lors qu'il

1.

soit impossible à ceux qui appartiennent à cette catégorie sociale de se livrer aux expériences que comporte l'éducation morale, surtout dans le sens que je lui donne et le but que je lui assigne. Aussi, bien que visant tous ceux à qui l'éducation doit profiter, mon travail s'adresse-t-il plus particulièrement à ceux que le sort a favorisés et qui ont toutes les facilités d'existence.

Cette classe de privilégiés, parmi lesquels le destin m'a placé, a le devoir et la mission de s'occuper ardemment de l'éducation morale et d'utiliser dans ce but les conditions favorables où elle se trouve : en donnant le bon exemple, elle exercera une influence salutaire sur les classes moins favorisées, où la nécessité de songer d'abord aux intérêts matériels a fait négliger les intérêts moraux.

C'est d'ailleurs l'intérêt des privilégiés de se consacrer à la culture morale des autres hommes, puisque, ayant l'ambition ou la prétention de rechercher davantage les satisfactions de la vie, ils se procureront par là le contentement que produit l'accomplissement de ce devoir. Ainsi acquis, ce vrai bonheur se reflétera sur les autres classes et sera à la fois un élément d'amélioration et un lien pour toutes les couches sociales.

Si l'éducation morale a sollicité l'attention des philosophes, des hommes d'État et des esprits éclairés, l'enseignement proprement dit de la morale n'a cependant pas joui de tout le prestige qui lui était dû. Peut-être pourrait-on attribuer cette négligence à la tendance qu'on a eue jusqu'à présent à se reposer entièrement sur la religion du soin de former ce qu'on peut appeler l'homme moral.

La marche sans cesse progressive des sociétés indique clairement l'insuffisance d'un tel état de choses.

Si la religion était observée dans toutes ses prescriptions, si l'homme ne s'inspirait que d'elle dans ses déterminations, elle suffirait certainement au perfectionnement de l'humanité. Mais, on doit le reconnaître, le seul moyen d'atteindre cet état de perfection idéale serait de s'isoler d'une humanité aussi imparfaite que la nôtre. Ceux qui cherchent à réaliser une telle perfection par la religion seule doivent fatalement se concentrer en eux-mêmes, et mener une existence toute contemplative, qui, dès lors, cesse presque d'être utile à la société.

Certes la religion occupe une grande place dans notre existence; réglant nos rapports avec Dieu, selon les besoins personnels de chacun d'entre nous, elle conduit par ses voies l'humanité entière vers la fin impénétrable qu'elle se propose. Mais ce n'est plus à elle seule, comme cela a eu lieu pendant une longue série de siècles, que devrait être laissée la charge exclusive de perfectionner nos facultés morales; si un grand bien a été fait, il n'en reste pas moins encore un immense mieux à accomplir. Il importe donc d'aider pratiquement l'œuvre de la religion par les moyens qui pourraient être — qui sont, même, à notre portée.

Au dedans de l'être humain il y a des instincts de moralité qui ont conduit l'homme, dès le premier éveil de sa pensée, à des aspirations religieuses qui se sont, peu à peu, fixées et développées. Dans leur ensemble et dans l'état actuel de l'humanité ces instincts constituent ce que l'on peut appeler du nom générique de morale latente, qui affirme irréfutablement son existence chez tous et indépendamment des convictions religieuses particulières.

La culture de cette morale inhérente à l'homme est appelée à devenir une véritable science, ayant pour objet le développement des facultés morales ; avec son aide, l'homme, être perfectible par excellence, pourra travailler efficacement sur lui-même et contribuer ainsi au perfectionnement de ceux qui l'entourent.

La nécessité de cette science toute moderne, qui n'est autre que la pédagogie morale, s'impose chaque jour davantage : son rôle, tout indiqué, est de s'occuper de l'individu, comme l'économie politique et la sociologie s'occupent des sociétés.

A l'heure actuelle, deux partis sont en présence et se disputent la direction de l'éducation morale : l'un veut l'attribuer exclusivement à la religion, l'autre la réserve, pour une large part, à l'enseignement laïque. Si la direction religieuse n'a pas réalisé ce qu'elle pouvait espérer, il faut bien reconnaître que, de son côté, l'éducation laïque n'a pas encore trouvé tous les éléments nécessaires pour produire, surtout dans les masses, des résultats en rapport avec ses prétentions.

Considéré dans l'ensemble de son évolution, le monde se trouve encore dans une sorte d'état d'enfance, eu égard à sa durée indéfinie, et les lois que les sociétés doivent suivre, si elles veulent progresser, sont peu connues. Pour se rendre compte de cet état d'enfance relative, il suffit de songer que les sciences qui s'occupent spécialement des sociétés — économie politique, sociologie — sont nées d'hier et ne reposent encore que sur des données bien vagues. Elles sont le produit d'essais, d'hésitations et de tâtonnements sans nombre. Espérons qu'un jour viendra où il sera possible de grouper toutes les idées émises et les conclusions générales posées, et qu'on parviendra, par une sorte de déduction synthétique, à tirer de toutes ces données les lois définitives de ces sciences appelées à servir de couronnement à toutes les sciences humaines.

Pour qu'une science existe, dans le sens absolu du mot, il faut, on le sait, qu'elle s'appuie sur des lois invariables : tant que ces lois ne sont pas nettement définies et formulées, la science qu'elles concernent demeure bornée et constitue plutôt un champ ouvert aux expériences qu'une science proprement dite. L'astrologie n'est devenue l'astronomie qu'après la découverte de la loi de gravitation; il en a été de même pour la chimie : avant la loi de la composition définie des corps, l'alchimie n'était qu'une science empirique. Toutes les sciences ont passé par ces phases naturelles d'incertitude, pour arriver par la suite à des certitudes; aujourd'hui plusieurs d'entre elles sont étayées sur des lois tellement absolues, qu'elles ont reçu le nom de sciences exactes et mathématiques.

Doit-il en être autrement pour ces sciences encore si peu avancées qui ont pour objectif de diriger les sociétés, de les perfectionner et de les rendre heureuses?

Un jour peut-être ces sciences auront aussi leur Newton; mais, en attendant, il serait indispensable que la pédagogie morale, science essentiellement préliminaire, sortît de son état quasi embryonnaire; elle a, en effet, tout autant d'importance pour l'individu qu'en ont, en ce qui concerne les sociétés, les sciences dont nous parlions tout à l'heure.

Dès lors, il faudrait rechercher d'urgence des méthodes, et tous ceux auxquels cela est possible devraient se livrer à des expériences afin de multiplier les voies qui aboutiront à la découverte de certains principes fixes, sinon de lois, sur lesquels se basera l'éducation morale des individus et des masses.

Il appartient donc à ceux qui ont étudié

ce grand sujet de s'associer, dans la mesure de leurs forces, même minimes, à l'œuvre commune, entreprise colossale, bien faite pour décourager les plus entreprenants.

Le but que je me propose ici est d'attirer l'attention surtout sur la nécessité de se cultiver soi-même et par soi-même afin d'être mieux préparé à élever les autres.

Dans l'homme, ceci est hors de doute, tout se laisse perfectionner; or, pour stimuler cette faculté de perfectionnement, il est indispensable de s'observer et, en quelque sorte, de se replier sur soi-même. Une scrupuleuse observation des phénomènes qui se passent en nous, une étude constante de nos pensées et de nos sentiments intimes, peuvent seules nous indiquer à coup sûr quels points sont perfectibles avant tout. Peu à peu ce travail intellectuel développera en nous une vie nouvelle, intérieure, qui s'exercera en même temps que celle du dehors. L'emploi de cette faculté d'observation intérieure doit être le point de départ de notre propre éducation, et un des premiers soucis de tout éducateur sera de le provoquer chez l'individu confié à ses soins.

Une fois maître de cette vie intérieure, on ne tardera pas à comprendre combien il est nécessaire d'éveiller et fortifier en soi, ainsi que chez les autres, deux facultés auxiliaires : l'une, la force de volonté, produisant l'empire sur soi-même; l'autre, sorte de réflexion instantanée, qu'on peut nommer présence d'esprit, et qui constitue la promptitude dans les déterminations, la décision.

Grâce à ces facultés, nous arriverons

à discerner ce qu'il y a de répréhensible en nous et à rechercher les moyens d'y remédier : la raison et la conscience mises d'accord, il sera aisé de donner ainsi à la culture du cœur, c'est-à-dire au développement des sentiments, tous les soins désirables.

C'est surtout quand il s'agit de la femme que la culture du cœur acquiert une importance spéciale : à sa sollicitude est confiée la tâche de développer les bonnes qualités de l'enfant : la grandeur et l'importance de cette tâche font saisir les avantages que la vie intérieure doit produire chez celle qui est destinée à s'y consacrer. Mais la femme ne sera vraiment relevée et n'occupera la belle place à laquelle elle a droit dans la société que lorsqu'elle aura acquis par l'éducation ce respect d'elle-même et cette dignité qui la mettront à l'abri des écarts auxquels s'abandonnent si facilement encore les femmes, surtout dans les classes les plus favorisées.

Les tendances sérieuses qui naîtront par suite des réflexions sur soi-même et sur la vie en général amèneront la femme à se créer, à l'exemple de l'homme, un but d'existence aussi profitable que possible pour les autres. L'homme, n'étant pas créé pour lui seul, est astreint à jouer, en ce monde, un rôle d'une utilité quelconque : il a l'obligation stricte de concourir à l'œuvre générale dont tout être est un des facteurs contingents. L'oisiveté est incontestablement contraire au but auquel nous sommes destinés ici-bas ; elle doit donc être proscrite. Elle peut, en effet, devenir la source de périls que seul le travail peut conjurer ; aussi importe-t-il de la combattre de toutes façons et en particulier par l'éducation. A celle-ci est dévolu le soin d'enseigner à chacun le moyen d'employer utilement son existence.

Ce travail de moralisation que nous opérerons ainsi sur nous-mêmes permettra à notre esprit de s'élever au-dessus des mesquines préoccupations de la vie extérieure; il diminuera nos exigences et nos prétentions, et engendrera une satisfaction aisée, calme, la sérénité, bien inappréciable qui sera en quelque sorte le couronnement, la consécration de ce travail persévérant.

C'est de cette façon, on le voit, qu'il est possible d'atteindre graduellement le but que se propose l'éducation morale, c'est-à-dire de rendre l'homme plus heureux après l'avoir fait meilleur.

L'enchaînement serré et le développement logique des pensées qui viennent d'être esquissées sur la vie intérieure, sur la culture de diverses facultés morales et sur les avantages qui en découlent, forment l'objet de cet essai.

Il a été inspiré par cette vérité primordiale que tout est cultivable en nous; aussi estimons-nous que, bien que l'éducation morale ne dispose pas encore de lois ou même de principes assez fixes, elle a, en attendant, dans cette vérité, une donnée suffisamment vaste à exploiter pour tous ceux qui ont le loisir et le devoir de s'adonner à la pratique de l'éducation.

II

DE LA VIE INTÉRIEURE.

Une tendance générale pousse les hommes à se laisser entraîner par le courant séduisant de la vie extérieure : ils y mettent même une ardeur qui les absorbe presque entièrement. Chez la plupart d'entre eux cette vie du dehors prédomine, et les préoccupations matérielles ou mondaines semblent suffire : tout ce qui n'est pas de cette nature rebute aisément.

Il y a dans cette tendance presque universelle un obstacle capital au perfectionnement des individus et des sociétés.

La destinée humaine ne s'accommode guère d'une vie aussi complétement extérieure : on arrive, en effet, à sacrifier ainsi, sans s'en apercevoir, le principe pensant, c'est-à-dire la plus précieuse des facultés, celle qui constitue la supériorité de l'homme et sa véritable puissance.

Pour qu'il y ait équilibre dans la vie, il est rigoureusement nécessaire de rapporter tous les actes au principe pensant, auquel est dévolue la tâche de les étudier, de les juger. Pour assigner à chacun de ces actes sa véritable valeur, il faut se replier sur soi-même, s'observer et conclure.

C'est à l'ensemble de cette opération psychologique, indispensable pour établir une harmonie dans la conduite humaine, qu'est donnée le nom de vie intérieure.

D'où il résulte que la vie intérieure n'est

autre chose qu'une éducation que l'homme fait sur lui-même, éducation qui, loin de cesser à l'adolescence, doit toujours nous préoccuper : son but est, en effet, durant toute notre existence, de nous scruter nous-mêmes, de rechercher les mobiles de nos sentiments et de nos actions, ainsi que de comprimer nos velléités et nos passions. Nous rendre meilleurs, tel est son but final.

Sans la pratique de la vie intérieure, les parents, éducateurs ou toute personne ayant un entourage soumis à son influence se trouvent dans l'impossibilité d'accomplir leurs devoirs. Comment pourraient-ils, en effet, juger de la nature des autres et réussir à la modifier, sans avoir fait sur eux-mêmes de concluantes expériences? Pourraient-ils connaître le caractère humain sans avoir d'abord étudié le leur? La sentence inscrite au fronton du temple de Delphes indiquait déjà, chez les anciens, la préoccupation de cette connaissance de soi-même, prélude et source de la connaissance d'autrui.

En descendant en nous-mêmes, afin de nous perfectionner, l'idée d'une lutte à soutenir contre les mauvais instincts, les faiblesses diverses et les habitudes enracinées, contre les passions même, s'emparera de notre esprit, et l'on acquerra bientôt cette conviction que la victoire ne peut être que chèrement achetée.

Il arrivera malheureusement trop souvent que le découragement viendra avant même qu'on ait fait une tentative sérieuse d'éducation personnelle. Chez certaines natures, la lutte dure peu, la force morale manquant pour la soutenir; de même, un nombre trop grand, hélas! de parents et d'éducateurs, constatant l'insuccès de l'éducation sur leurs enfants ou leurs élèves, en rejettent volontiers la responsabilité sur de prétendues mauvaises dispositions naturelles, alors qu'ils devraient bien plutôt s'en prendre à leur ignorance des procédés à suivre pour triompher.

Nous portons tous en nous également, à peu de chose près, des germes bons et mauvais : qu'on les laisse se développer librement, ils deviennent le principe de nos bonnes ou de nos mauvaises actions; l'expérience de chaque jour le prouve. Mais, tout en constatant que dès sa naissance l'enfant porte en lui les bases sur lesquelles s'édifiera, par la suite, toute son organisation morale, ne déplorons pas trop cet état de choses; il n'a pas que des inconvénients, il a aussi ses avantages, et les uns et les autres démontrent d'une façon éclatante combien est grande l'influence de l'éducation sur la nature humaine.

Si, en réalité, les penchants innés de l'enfant sont mauvais et lui sont en quelque sorte légués par les ascendants, ils proviennent donc de l'état d'imperfection dans lequel se trouve encore le genre humain; et, comme ils entravent le progrès général, la nécessité s'impose de les combattre au moyen de l'éducation dont cette lutte est la mission même.

Si, en revanche, les dispositions de l'enfant sont bonnes, leur existence par voie d'hérédité démontre d'une manière péremptoire la valeur de l'éducation qui a produit cette amélioration transmise et transmissible; elle prouve aussi combien son influence est grande et combien ses effets sont palpables au point de vue du perfectionnement progressif des générations.

Et, puisque les dispositions parviennent à l'enfant comme un héritage, puisque les parents lui donnent involontairement, à côté de leur amour et de leur sang, le principe de ressemblance physique et morale, puisque enfin les germes de leurs qualités et de leurs défauts, qu'ils ont eux-mêmes reçus par transmission directe ou même par atavisme, se retrouvent presque toujours chez leur enfant, n'est-il pas évident que la préoccupation principale, le grand objet des efforts de chaque génération, devrait être de cultiver les qualités, de les développer, par le moyen de l'éducation, et dans la plus grande limite possible, comme aussi de tout faire pour détruire les prédispositions au mal?

Impuissants à modifier les lois qui gouvernent le genre humain parce que nous ne les comprenons pas encore et que nous allons même parfois jusqu'à les trouver injustes, nous devons nous borner à nous pénétrer de cette conviction que les générations en s'améliorant progressivement transmettront à celles qui leur succéderont les germes de perfectionnement graduel et de perfectibilité incessante; que de cette façon les sources du mal iront toujours en s'affaiblissant jusqu'à ce qu'elles disparaissent complétement pour faire place à l'état de perfection idéale rêvé par les hommes, sans que notre esprit soit encore capable d'en embrasser toute la beauté, même par l'imagination.

Si la disparition des origines du mal doit conduire l'humanité à un degré d'élévation qui semble être son but final et le couronnement de sa destinée, c'est la perspective même de ce but qui soutiendra les parents dans la tâche si difficile de l'éducation, et qui les fortifiera contre les découragements qui les attendent.

Hélas ! il faut bien l'avouer, parmi les rares personnes qui pratiquent judicieusement l'éducation, il en est beaucoup qui, ayant découvert chez leurs enfants des dispositions mauvaises léguées à leur insu par les ascendants, s'alarment et se rebutent. La constatation des penchants défectueux des jeunes enfants gâte, pour ainsi dire, le plaisir qu'a pu causer leur venue en ce monde.

Les parents ne doivent cependant pas s'attrister de ces découvertes pénibles; loin de se décourager, ils doivent réagir et s'efforcer de triompher par la raison. Ils doivent se dire que, puisque leurs enfants ne sont pas naturellement doués comme ils l'eussent souhaité, le seul moyen de remédier à cet état de choses est de recourir à l'éducation. Ils pourront ainsi, sinon refaire entièrement et repétrir en quelque sorte le caractère naturel de l'enfant, du moins le modifier grandement. Ils pourront alors goûter les joies tant désirées avec d'autant plus de satisfaction, qu'elles seront leur œuvre.

En vérité on ne peut guère exiger de l'éducation un succès complet; mais mettre en valeur les bonnes dispositions, les cultiver, les fortifier et s'en servir pour discipliner et même annihiler les mauvais instincts, tel est le but qu'on peut atteindre grâce à l'éducation, pour peu que le courage, la patience, l'espoir et la persévérance ne fassent pas défaut.

C'est ici que le rôle de la vie intérieure apparaît dans toute son importance; le simple raisonnement suffit à démontrer combien sa pratique et son action peuvent être précieuses et seconder les efforts des parents et des éducateurs. En habituant, dès son plus jeune âge, l'enfant à penser, à réfléchir et à se juger, on lui ouvre la voie qu'il pourra parcourir pendant toute sa vie. Observations et conseils trouveront en lui un terrain de plus en plus préparé, et seront d'autant plus profitables que les réflexions, grandissant avec l'enfant, les aideront à produire leur effet.

Chez certaines natures plus rebelles, plus turbulentes, distraites ou endurcies, l'existence d'une vie intérieure peut sembler inconciliable avec le tempérament naturel ou factice. Il n'en est rien; la difficulté est plus grande, mais la possibilité d'éveiller cette vie intérieure subsiste toujours à un degré quelconque. Il est, en tout temps, loisible et opportun de provoquer la vie pensante, quels que soient l'âge et le naturel de l'enfant ou de l'homme fait. Il suffit, en effet, d'une circonstance propice, pour faire naître cette vie pensante, à laquelle on ne se livrait pas par étourderie, insouciance ou indolence, ou même parce qu'on était absorbé par le courant de la vie extérieure, toute d'ambition, de vanité et de plaisirs.

Une fois cette vie acquise, on en ressent bientôt les bienfaits et l'on y renonce difficilement.

Ceux qui se donnent pour tâche de pratiquer l'éducation, pères, mères, précepteurs ou simplement familiers influents, doivent épier le moment psychologique où celui qui les intéresse sera disposé à entrer dans ce domaine des réflexions sur les côtés sérieux de la vie, sur ses devoirs et ses avantages.

Il n'est jamais trop tard, répétons-le, pour provoquer la vie intérieure chez ceux qui n'en soupçonnent même pas l'existence; il n'est jamais trop tard non plus pour la cultiver en soi-même.

Toutes ces considérations nous amènent à conclure que les assises de l'éducation morale doivent être la vie intérieure et ses conséquences : elle ouvre, en effet, à l'homme des horizons nouveaux et lui crée une incontestable supériorité sur quiconque vit de la simple vie matérielle et inconsciente.

On ne saurait donc proposer au zèle des éducateurs un but plus élevé que celui d'éveiller et de cultiver cette vie intérieure qui doit, pour ainsi dire, spiritualiser le genre humain.

III

DE L'EMPIRE SUR SOI-MÊME.

Une fois la vie pensante éveillée, un grand pas est fait dans la voie de la culture morale; le premier et capital degré de l'éducation se trouve gravi, et sa base réelle est ainsi posée. Mais, même à l'état préliminaire, la connaissance de soi-même implique déjà la nécessité et le besoin de combattre ce qu'elle révèle de mauvais et de perfectionner ce qu'elle constate de bon.

A cet effet on est contraint d'avoir

recours à un agent indispensable, grâce auquel on pourra utilement réagir sur son être moral, après l'avoir étudié jusqu'alors dans le seul but de le connaître. Cet agent, c'est la force de volonté qui, appliquée à la vie intérieure, produit l'empire sur soi-même. La force de volonté existe chez tous les individus, et à tous les âges, mais à des degrés divers d'intensité; malheureusement, dans la plupart des cas elle n'est pas dirigée de manière à produire un effet utile, elle se pervertit et, détournée d'un but sérieux, elle se porte trop souvent sur des actions insignifiantes, futiles ou mauvaises.

Dans certains cas, il n'est pas rare de voir des hommes, même en proie à une passion blâmable, agir cependant avec une fermeté peu commune; ici, la passion est le moteur : dans des conditions normales cette fermeté devrait uniquement son origine à la force de volonté.

L'amour-propre chez les uns, la vanité ou l'orgueil chez les autres produisent, à des moments donnés, des effets qu'on pourrait prendre souvent pour des manifestations d'un grand empire sur soi-même, et qui ne sont en réalité que des altérations qu'a subies la force de volonté. De même, l'entêtement et l'obstination, qui existent chez certaines natures à l'état excessif, ne sont autre chose qu'une volonté inconsciente, mal appliquée et mal employée.

C'est ainsi que la plupart des femmes, pour arriver à cette possession d'elles-mêmes, à cette dissimulation qu'on rencontre si fréquemment chez elles, font un emploi incroyable de force de volonté.

La coquetterie, les exigences de la toilette, par exemple, qui soumettent quelques-unes d'entre elles à des souffrances physiques presque intolérables, et qu'elles endurent cependant stoïquement, sont des preuves de l'empire qu'elles savent exercer sur elles-mêmes pour les choses les plus futiles. Or, si, dans de telles conditions, la force de volonté donne de si grands résultats, combien n'en obtiendra-t-on pas en la dirigeant vers un but utile et noble! Elle est, en effet, le puissant levier de la vie, le ressort qui pousse les hommes à accomplir les grandes actions, à réaliser de glorieuses conquêtes dans le domaine des découvertes et des inventions scientifiques; c'est elle, en un mot, qui leur facilite l'accès des plus hautes destinées en ce monde.

En parcourant la biographie des hommes célèbres de tous les temps et de tous les pays, on est réellement saisi d'étonnement en songeant à la somme d'énergie qu'ont dû déployer certains d'entre eux. Issus souvent de la plus humble condition sociale, aux prises avec la misère et l'impossibilité de s'instruire, ils ont néanmoins triomphé de tout par leur immense volonté et sont parvenus aux plus hauts degrés de l'échelle des sociétés, parfois même au faîte de l'édifice humain.

Combien on doit, dès lors, admirer les résultats prodigieux auxquels conduit l'empire sur soi-même, force en quelque sorte magique existant chez l'homme, et capable de surmonter la plupart des obstacles! Et combien le poëte a eu raison de dire dans son langage si saisissant :

« ... *Je veux;* quel mot puissant! dit
« sérieusement et bas, il arrache l'étoile du
« ciel, ce seul mot : *Je veux* (1)! »

On a trop négligé jusqu'à présent la force de volonté que chacun de nous possède en lui-même; et l'on ne s'en est pas assez servi comme d'un élément d'éducation — on a eu bien tort : son emploi opportun conduirait, en effet, à des résultats merveilleux.

L'exercice peut positivement développer cette force intime personnelle : le tout est d'adopter à son égard une sorte de gymnastique morale, qui profiterait à la volonté, comme profitent au corps les exercices qui, en affermissant ses muscles, lui

(1) HALM, *Gedichte.*

donnent plus de vigueur. A mon avis, tout ce qui constitue le côté moral de l'homme aurait besoin d'être soumis à un entraînement graduel et permanent, de façon à être toujours prêt à agir instantanément en toute circonstance.

Il est vrai que les règles du système à adopter à cet égard manquent encore, mais il faut espérer que la pédagogie morale les trouvera un jour et les imposera. Malgré cette regrettable lacune, les personnes qui veulent se livrer à leur propre éducation ou à celle d'autrui n'en ont pas moins la possibilité et le devoir de faire de leur mieux pour atteindre ce but, ne fût-ce même qu'approximativement.

Ainsi, durant l'éducation entière ou, pour mieux dire, pendant toute l'existence, il est indispensable de saisir chaque moment opportun et de mettre à profit toute circonstance propice pour stimuler ses forces morales et les faire agir. On en a l'occasion beaucoup plus souvent qu'on ne le pense.

Il convient, dès lors, d'habituer l'enfant, dès le plus bas âge, à utiliser ses forces morales et à se reposer sur elles le plus possible; il faudrait lui faire faire de fréquentes expériences avec sa volonté, telles, pas exemple, que de régler ses actions et de résister à ses petites tentations. Avec de telles habitudes, contractées de bonne heure, l'enfant et ensuite l'homme fait auront le moral plus aguerri, le caractère plus ferme : l'accomplissement de leurs devoirs en sera plus aisé, et ils triompheront avec moins de peine des contrariétés et des revers de la vie.

La pratique démontre qu'il est des occasions où la force de volonté intervient toujours pour le bien ou pour le mal; l'éducation doit s'attacher à rendre plus fréquents ces effets de la volonté, à les soumettre à la conscience et à les faire agir sur tous les actes de la vie.

Plus on emploiera cette force, plus elle se développera, plus elle s'enracinera : elle finira par devenir insensiblement une habitude.

Trop souvent on rejette la responsabilité d'actes regrettables ou répréhensibles sur l'enchaînement de circonstances indépendantes de la volonté, sur la faiblesse innée du caractère, ou plus volontiers encore sur la fatalité. Ces prétextes, ces mauvaises excuses, l'éducation les fera disparaître; il n'est pas d'homme qui ne puisse, à un moment donné, faire un effort sur lui-même; tout individu possède ce pouvoir intime : chacun est dès lors responsable de ses actes. Le progrès à réaliser, c'est d'arriver successivement et par un travail assidu à déployer, dans la plupart des circonstances de la vie, l'énergie qu'on a su trouver une fois par hasard.

On pourra dès lors juger nos actes et notre valeur non plus d'après le résultat, même heureux, d'un effort exceptionnel, mais d'après l'ensemble de nos efforts sur nous-mêmes.

On ne saurait trop le répéter, nous avons tous notre volonté propre indépendante, qui, en impliquant pour nous la responsabilité de nos actions, nous oblige en même temps à nous reposer sur elle. Le monde est soumis à des lois générales, immuables, qui règlent le sort de l'humanité; mais, dans ses actes particuliers, l'homme dépend surtout de lui-même, et non point d'une volonté supérieure et fatale, comme on essaye à tort de le prétendre.

Peut-être pourrait-on reprocher à l'enseignement religieux d'affaiblir quelquefois ou même de détruire, chez les personnes qui l'interprètent mal, le ressort de la volonté humaine, en affirmant que l'homme doit se reposer entièrement sur la volonté de Dieu. Tout en reconnaissant combien la pensée qui préside à une telle doctrine est respectable, puisqu'elle vise à nous donner une plus haute idée de la puissance divine, il importe de déclarer que, dans ses conséquences, cette doctrine, prise à la lettre, offre de graves inconvénients. Elle tend, en effet, à faire disparaître la confiance qu'il est si nécessaire d'avoir en soi-même.

La vieille maxime : « Aide-toi, le Ciel t'aidera », est, au point de vue pratique, une expression vivante de la nécessité d'avoir cette confiance en soi : c'est au point de vue de l'exercice de l'empire sur soi-même qu'elle doit surtout s'appliquer.

Jusqu'à présent peu de nations ont mieux compris cette nécessité que la nation anglaise, bien que, par une contradiction étrange, sa philosophie, surtout à l'heure présente, semble pencher vers le déterminisme, cette négation formelle de la volonté. En pratique, du moins, les Anglais se distinguent des autres peuples par la fermeté de leur volonté. Chez eux, l'éducation tend à éveiller, dans chaque individu, l'esprit du « self help » — suivant leur expression — qui est devenu leur axiome national.

Grâce à l'aguerrissement physique et moral qu'ils s'efforcent de donner à leurs enfants, on trouve dans cette race une force de volonté, une énergie de caractère qui l'a rendue une des plus puissantes du monde.

De là sont venues pour elle sa richesse, sa dignité et sa force d'extension, sous le couvert de la civilisation.

Donc, il faut bannir absolument de l'esprit de tous l'idée que la volonté humaine est impuissante; la vie intérieure, consciente, amène en nous, on l'a vu, le discernement précis du bien et du mal; elle nous pousse à atténuer ou à détruire les imperfections; n'y a-t-il pas là une preuve péremptoire de notre libre arbitre? Ne devons-nous pas également y trouver une raison suffisante d'avoir confiance en nos propres forces?

En se plaçant à ce point de vue, la culture de la force de volonté gagne en importance et en grandeur. Il est déjà aisé de prévoir quels immenses progrès l'humanité pourra accomplir, lorsque l'éducation aura habitué la plupart des hommes à régler leur conduite par l'empire sur soi-même et à baser leurs convictions sur la confiance dans leurs propres forces, la liberté et la responsabilité de leurs actes.

IV

DE LA PRÉSENCE D'ESPRIT.

L'empire sur soi-même, si indispensable à ceux qui cultivent la vie intérieure, n'est pas le seul agent qu'ils doivent appeler à leur aide.

Il en est un autre, dont l'importance paraît avoir été trop peu appréciée jusqu'ici : c'est la présence d'esprit, considérée non pas au sens habituel du mot — l'esprit d'à-propos, la repartie — mais envisagée à un point de vue bien plus large et bien plus élevé.

Dans le sens que je lui attribue ici, elle

constitue cette propriété de l'esprit qui établit un concert presque instantané entre lui et la conscience, pour juger et agir. A ce titre, la présence d'esprit est une faculté extrêmement précieuse par rapport à l'éducation morale et d'une utilité supérieure, qu'on a eu le tort de considérer jusqu'ici comme une quantité négligeable.

L'étude des diverses facultés, des aptitudes, des instincts, des mobiles et des passions humaines conduit à constater que tout un monde existe à l'intérieur de notre être, monde à l'état chaotique, dont les phénomènes, bien que non apparents, n'en possèdent pas moins une singulière activité. Le monde physiologique nous frappe d'étonnement et d'admiration : le monde psychologique offre à l'observateur un spectacle bien plus compliqué et bien plus admirable encore.

En effet, quelque surprenant qu'il soit, le mécanisme physiologique ne peut, quant à la subtilité et la délicatesse, être comparé à l'organisme moral : dans celui-ci, les mouvements se croisent avec une rapidité sans pareille, les cordes fines et impressionnables du cœur et de l'esprit sont des agents de transmission dont l'instantanéité laisse loin derrière elle la rapidité des phénomènes physiques.

Si le spectacle de ce monde intérieur est admirable, combien l'est davantage le principe sublime qui sert de ressort à tout ce mécanisme, qui l'anime, lui donne le mouvement, et dont le véritable pivot n'est autre que la conscience! C'est, en effet, la conscience qui indique, sans le secours d'aucune autre lumière, la valeur exacte des faits humains; aussi pourrait-on l'appeler le miroir où nos déterminations se réfléchissent dans leur vérité presque absolue.

La conscience est ainsi le guide de notre existence, le régulateur que tout individu apporte avec lui en naissant; elle constitue une sorte d'héritage provenant du développement progressif des facultés morales de l'humanité, qui se transmet à chacun comme substance essentielle de la vie. Son existence est aussi la meilleure preuve de la perfectibilité du genre humain, puisque plus les actions des hommes seront conformes aux exigences de la conscience, plus celle-ci, s'épurant, deviendra sensible et délicate, pour contribuer sans cesse au perfectionnement de l'humanité.

Il est donc de la plus haute importance pour les hommes de s'efforcer sinon d'augmenter, du moins de maintenir l'état de pureté et de délicatesse de leur conscience : c'est à cette condition qu'elle pourra gouverner utilement leurs actions, d'accord avec leur intelligence.

Or, pour obtenir suffisamment vite cette entente entre l'esprit et la conscience, il faut recourir à une faculté spontanée, ou tout au moins acquise par l'exercice, qui constitue justement cette présence d'esprit dont nous avons donné plus haut la définition.

Pour peu que nous examinions la vie pratique, nous nous apercevrons promptement qu'il y a lutte continuelle entre le désir de bien faire et les faiblesses propres à la nature humaine. L'instinct de conservation outré, l'égoïsme, la vanité, l'impatience et tant d'autres défauts nous poussent à suivre les impulsions premières, trop souvent mauvaises; la conscience les désapprouve, et l'on en vient à regretter de les avoir suivies alors qu'il est malheureusement trop tard.

Que de bévues, que de fautes sont commises sous l'influence d'une idée dominante, d'un sentiment de prévention inexplicable, d'un emportement ou d'un mauvais mobile quelconque! Un accord prompt entre l'esprit et la conscience réprimerait à temps ces premiers mouvements, et l'on s'épargnerait ainsi bien des regrets tardifs et stériles.

Ainsi que de fois n'arrive-t-il pas que l'esprit, trop lent à agir, n'a pas su retenir une parole déplacée, ou une expression outrageante, échappées avant qu'on en ait pesé toute la portée! Une autre fois ce sont des égards justement dus qu'on n'observe pas parce que l'oubli ou la négligence ont triomphé de la présence d'esprit qui en eût rappelé le caractère obligatoire. De là des blessures souvent inguérissables, des suites fâcheuses, déplorables même, que la possession de la présence d'esprit eût toutes prévenues.

Dans la vie courante ne voyons-nous pas le manque de présence d'esprit causer chaque jour une foule de malentendus, de dissentiments, de scissions, ou parfois de véritables malheurs? Le jugement instantané de la valeur des mots, des actes, eût permis d'éviter toutes ces conséquences.

A l'exemple de la force de volonté, la présence d'esprit existe avec plus ou moins d'intensité, souvent même à l'état latent, chez les enfants et chez les hommes : il s'agit seulement de l'éveiller et de l'exercer. Son existence accroît la responsabilité individuelle, bien qu'on soit également enclin à attribuer au défaut de présence d'esprit tous les actes irréfléchis, et, par contre, à rejeter sur l'absence de force de volonté la responsabilité des actions mauvaises ou simplement inconséquentes.

Aussi nombre de personnes se retranchent-elles derrière ce prétexte pour justifier des manques d'égards, des emportements, des inconvenances, voire même des brutalités, surtout vis-à-vis des inférieurs. Rudoyées à leur tour par leurs supérieurs, ces mêmes personnes sauront se maîtriser à temps. A quoi attribuer un pareil phénomène, sinon à l'intervention de la présence d'esprit qui a fait instantanément agir leur force de volonté? La présence d'esprit a pris, dans ce cas, une extension considérable, ce qui prouve qu'elle existait — quoique à l'état inculte — et pouvait produire son effet sous l'influence de l'esprit de conservation ou de l'intérêt personnel.

Ces deux forces, présence d'esprit et force de volonté, sont mutuellement utiles l'une à l'autre ; elles se complètent : l'une discerne et détermine rapidement, l'autre exécute incontinent. Il y a donc un intérêt extrême à développer parallèlement dans notre être moral, par une culture prévoyante, ces facultés, grâce auxquelles nous pouvons nous rendre maîtres de bien des défauts, éviter quantité de graves inconvénients et, de plus, faire un bien réel aux autres et à nous-mêmes.

Et cela se comprend aisément, si l'on songe que la promptitude de l'accord entre l'esprit et la conscience non-seulement nous préserve des ennuis et des regrets que provoquent les actions commises sous de mauvaises inspirations, mais encore nous met en garde contre l'irrésolution et la susceptibilité : la possession de cette faculté est d'un grand secours pour prévoir les dangers pour soi-même et les autres; elle facilite le savoir-vivre; la jeunesse en a besoin au cours des études et des examens; en un mot, ses avantages sont innombrables et constants.

Celui qui a de la présence d'esprit est toujours présent et attentif à ce qui lui arrive à chaque instant de sa vie; il devient rapidement supérieur à l'homme inconscient qui ne sait pas donner à ses actions leur juste portée, ni en tirer une vraie utilité. Tandis que l'un se rend un compte exact de ses devoirs et de ses actes, l'autre agit le plus souvent au hasard. Celui-ci est exposé aux surprises et aux déceptions, celui-là, au contraire, semblable à l'homme d'Horace que rien n'émeut ni ne surprend, trouve dans la vie des aspects souriants dont l'inconscient ne se doute même pas.

C'est encore à la présence d'esprit que nous devons de pouvoir nous rendre bien compte de la part de bonheur qu'il nous est réservé de goûter ici-bas, de la discerner plus nettement, de l'apprécier, d'en user et, par conséquent, d'en tirer tout le parti possible; grâce à cette merveilleuse faculté, on sait mettre à profit tous les moments propices de la vie, et refouler à temps les impressions ou les sentiments qui pourraient amoindrir ou compromettre leur effet favorable.

Il faut reconnaître aussi que, de cette façon, la part de bonheur de chaque individu pourrait s'accroître considérablement, tandis que, sans la faculté de raisonner rapidement sur les satisfactions qu'on vient à éprouver, sans la promptitude de résolution à saisir, pour ainsi dire au vol, la portion du beau et du bien qu'une circonstance heureuse peut offrir, une somme incalculable de bonheur est perdue pour l'individu et pour l'humanité entière, l'un et l'autre ne se trouvant pas suffisamment préparés pour l'apprécier.

Nous croyons avoir démontré que les bienfaits de la possession de la présence d'esprit sont multiples et avantageux à tous égards; mais son importance consiste surtout à servir de facteur éminemment actif dans l'éducation et dans le perfectionnement général.

Et, puisque le but suprême de l'éducation est de rendre les hommes meilleurs, et par suite plus heureux, il est donc à la fois de l'intérêt, et de l'individu, et de l'intérêt universel, d'exercer cette faculté précieuse qui est appelée à activer si singulièrement notre culture morale et intellectuelle, ainsi qu'à augmenter les satisfactions de l'existence.

C'est aussi dans ce sens qu'il est peut-être permis d'affirmer que, pour vivre pleinement, il faut vivre avec présence d'esprit.

V

DE LA CULTURE DU CŒUR.

C'est une opinion assez généralement répandue qu'il suffit, dans l'éducation, de s'occuper uniquement des défauts saillants du caractère, pour les diminuer ou les faire disparaître. Sans doute c'est là une préoccupation très-justifiée, mais on peut reprocher à ceux qui se laissent trop dominer par elle de négliger ainsi la plus belle et la plus féconde partie de la tâche de l'éducation, celle qui consiste à donner l'essor voulu au développement de tout ce qu'il y a de vraiment élevé dans la nature de chaque individu. Sous l'influence d'un sentiment louable en apparence, mais assurément puéril, on est enclin à se figurer qu'il suffira de détruire les défauts pour que les qualités les remplacent spontanément. On va même plus loin dans cet ordre d'idées, puisqu'on soutient que, en matière de cœur, le souffle froid du raisonnement pourrait déflorer, en quelque sorte, les bons sentiments naturels, auxquels il est dès lors préférable de ne pas toucher.

La culture du cœur demeure ainsi un simple terme de rhétorique et ne reçoit pas dans l'éducation la place importante qu'elle devrait y occuper. C'est, en effet, une grave erreur de se reposer entièrement sur la spontanéité des élans du cœur; c'est un tort plus grand encore de croire que la culture du cœur, dans sa vraie acception, peut réagir désavantageusement sur la chaleur innée des sentiments.

A mon avis, l'éducation doit prendre un souci tout particulier des bonnes dispositions natives et s'efforcer, par une culture rationnelle, de les mettre en valeur et de les accroître le plus possible. C'est en utilisant les bonnes qualités qu'on parviendra à réprimer et même à faire disparaître les défauts; c'est aussi de cette façon qu'on pourra obtenir de l'éducation des résultats plus positifs, c'est-à-dire qu'on se mettra en mesure de donner aux bons sentiments de l'individu le maximum d'intensité dont son cœur soit capable.

Il est certain qu'un cœur nativement bon ou chaleureux est un don des plus précieux; toutefois, si l'on observe bien ses manifestations, on reconnaîtra qu'à de rares exceptions près, un tel cœur ne sera pas susceptible de délicatesses aussi constantes qu'un cœur préalablement cultivé.

Par culture du cœur j'entends une étude judicieuse de tous nos sentiments, dirigés constamment par la raison. Il est incontestable que nous trouvons dans le travail assidu de la raison un moyen de développer toutes nos facultés : il en est de même en ce qui a plus spécialement trait au cœur; aussi peut-on le comparer, lorsqu'il est naturellement bon, au diamant, lequel possède, à l'état brut, toutes ses qualités distinctives, mais a besoin d'être taillé et poli pour acquérir tout son éclat et par suite toute sa valeur.

Chez certains êtres exceptionnellement doués, les bonnes qualités du cœur s'harmonisent de si merveilleuse façon qu'ils agissent naturellement, en toutes circonstances, comme si leur cœur avait reçu la culture la plus soignée. Mais ces êtres sont rares; la plupart des hommes, même parmi ceux qui sont naturellement bons et capables d'élans généreux, sont exposés à commettre de nombreuses inconséquences de cœur, lorsque leurs sentiments ne sont pas régis par la raison. Ainsi, une ardeur irréfléchie, s'exagérant facilement tout, peut produire un effet absolument contraire à celui qu'elle visait; poussée à l'excès, la bonté dégénère souvent en faiblesse ou en imprudence, et devient dès lors nuisible à celui qui s'y livre aussi bien qu'à celui à qui elle s'applique : ainsi encore, la trop grande sensibilité et l'impressionnabilité outrée, défauts fréquents chez les cœurs ardents, peuvent, par le désir de trop favoriser les uns, amener un manque d'égards et, parfois même, l'injustice envers les autres. Ces exemples, qui se multiplient dans le courant de la vie, montrent, du reste, que dans tout sentiment, dans tout amour, dans toute amitié, il est indispensable de savoir apporter une juste mesure, un tact, un à-propos et un équilibre que seule une culture bien comprise du cœur peut engendrer.

Les bons sentiments qui ont leur siége dans le cœur sont tellement nombreux et complexes, qu'il faut absolument avoir recours aux lumières de la raison pour les distinguer, les comprendre et les classer, afin de créer cet ensemble harmonieux que réaliserait en lui-même l'homme arrivé à l'apogée de son perfectionnement. Le cœur est, en effet, une mine dans laquelle se trouvent ces richesses innombrables qu'on appelle noblesse, générosité, dévouement, pitié, reconnaissance, tact, aménité, égards, et tant d'autres qu'il serait trop long d'énumérer, mais qu'il faut savoir produire, étudier, analyser, connaître sous leurs aspects particuliers, afin de s'en inspirer lorsqu'on veut se les approprier ou les développer chez autrui. Il faut, dis-je, que les propriétés de tous ces sentiments nous soient connues d'une manière suffisante pour que nous sachions, en toute occasion, auquel d'entre eux on doit recourir, et pour que, l'ayant trouvé, nous soyons en mesure de le faire agir à propos.

Il y a donc deux choses distinctes : les sentiments et la connaissance de ces sentiments.

Il s'agit de parvenir à tirer du cœur les richesses qu'il peut recéler et qui répondent à toutes les belles qualités que j'énumérais tout à l'heure; il s'agit de savoir s'en servir, car il est certain que la bonté seule ne suffit pas : l'action qu'elle inspire n'est profitable et méritoire que lorsqu'elle s'applique avec un parfait discernement. Dans le cas contraire, bien loin d'atteindre son but, elle produit un effet tout opposé.

Journellement on est à même de vérifier cette vérité; l'amour filial nous en offre un exemple, emprunté à ceux qui nous entourent et très-frappant. Ainsi, à l'âge où l'on est émancipé de la tutelle paternelle, dans la plupart des cas on aime ses parents; cependant que deviennent les rapports qu'on a avec eux? Le plus souvent, on manque aux soins, aux attentions et même aux égards dus et qui leur sont plus nécessaires que jamais à ce moment. A quoi cela tient-il? Uniquement à ce que dans l'amour filial, aux sentiments naturels, bons par eux-mêmes, n'est pas venue s'ajouter la culture qui eût enseigné de quelle façon il faut aimer.

Il est certain qu'on ne sait remplir les devoirs du cœur en amour, en amitié ou en toute autre affection, que lorsque l'œuvre inspirée par la tendresse, la sympathie ou la bonté se continue, se complète par le secours de la raison, c'est-à-dire de la culture; ce n'est que grâce à cette dernière que les sentiments acquièrent, en toute circonstance et dans tous les rapports, les délicatesses et les raffinements que les cœurs naturellement bons, mais incultes, ne savent pas ménager.

Utile aux individualités richement douées, la culture du cœur est, à plus forte raison, indispensable aux natures moins heureusement partagées. Chez ces dernières, en effet, son action devient d'une nécessité absolue, puisqu'il importe alors de féconder le germe du moindre bon sentiment, de le soigner et de le faire arriver au plus haut degré de développement dont il peut être susceptible.

Un seul bon sentiment, développé à propos, en fera naître d'autres, de plus en plus actifs. Si le cœur n'existe pas, il faut le créer hardiment et venir en aide aux natures déshéritées comme aux organisations défectueuses, où l'égoïsme règne en maître. A défaut de cœur, il faut faire intervenir la raison, de façon à substituer le devoir du sentiment au sentiment lui-même. La tâche à entreprendre, dans de telles conditions, est assurément lourde : elle n'est cependant pas impossible à mener à bonne fin, et de nombreux exemples, pris dans la vie courante, prouvent que la raison peut parfois suppléer les sentiments généreux, et que même, à la longue, elle peut triompher des mauvais sentiments.

L'habitude de raisonner arrive à prendre sur les sentiments un empire incroyable ; elle pousse à faire le bien, elle arrive même à tirer parti d'un mauvais penchant, l'égoïsme par exemple, en le transformant en instrument de perfectionnement. Quelque paradoxal que ceci puisse paraître, il y a cependant chez l'homme mûr des cas où une expérience et une pratique de la vie lui apprennent qu'il est nécessaire de tendre à faire le bien, ne fût-ce que par intérêt.

Ainsi par nature, la misère d'autrui nous répugne; de là des efforts pour l'atténuer par la charité.

La raison enseigne qu'on ne saurait exiger un avantage qu'on n'a pas contribué à créer : de là la nécessité de participer à la production du bien.

L'injustice provoquant la haine, la violence révoltant ceux contre lesquels elle est dirigée, forcent à se montrer plus conciliant, plus clément et même meilleur — toujours par intérêt.

Ici, on le voit, l'égoïsme commence à entrer dans une voie féconde; si l'on voulait aller plus avant dans cet ordre d'idées, on pourrait affirmer, au nom de la pure logique, que l'homme qui aura contracté l'habitude de faire le bien, simplement par intérêt, finira par le pratiquer sans s'en apercevoir. Or, comme le dit avec raison le vieil aphorisme, l'habitude devient une seconde nature ; il arrive, en effet, que le caractère s'améliore à son propre insu, et que l'individu se trouve poussé à faire le bien par conviction, alors qu'au début il ne le faisait que par intérêt.

C'est toujours de la même façon que l'ambition, la vanité, l'envie de paraître, le désir d'être populaire, contraignent, par la grandeur des résultats recherchés, à refouler les mauvais penchants qui y seraient des obstacles. Dans ces conditions, et avec le temps, toute nature est perfectible.

Il est donc possible, on vient de le voir, de se servir même d'un défaut comme l'égoïsme ou la vanité, en le purifiant et en le tournant vers le bien, pour relever l'homme d'une infériorité malheureuse pour lui et ses semblables. On peut, je le répète, grâce à une sage direction des sentiments par la raison, améliorer tout individu plus ou moins doué de qualités morales. Si elle s'exerce sur un bon terrain, la culture produit des résultats remarquables; dans le cas contraire, elle supplée artificiellement aux lacunes de la nature. Les résultats de ce travail peuvent même être parfois tellement considérables, qu'il serait difficile de reconnaître si la bonté et la délicatesse des sentiments ont été données par la nature, ou si ces trésors ont été acquis; s'ils émanent d'une organisation supérieure, ou s'ils procèdent de luttes persévérantes et d'une longue culture du cœur.

C'est dans ces cas exceptionnels que la raison atteint sa plus grande influence; elle s'impose alors comme le guide le plus sûr du cœur. Quelque objection qu'on tente d'élever contre cette vérité, elle n'en subsiste pas moins.

Nos exemples, empruntés à des cas extrêmes, font ressortir, croyons-nous, d'une manière plus éclatante, le rôle important de la raison dans la direction des sentiments ; l'idéal serait que notre tête et notre cœur pussent toujours marcher d'accord, et ce principe largement répandu pourrait devenir un levier des plus puissants pour arriver au terme de la culture morale.

VI

DE LA DIGNITÉ CHEZ LA FEMME.

Chez les femmes, la culture du cœur est particulièrement nécessaire, car, dans leur existence, le cœur joue un rôle prépondérant. L'intérêt de la femme et celui de ses enfants lui font un devoir de cette culture ; non contente d'avoir donné la vie matérielle à ses enfants, elle doit également leur faciliter l'accès de la vie morale.

Et ici se présente un côté des plus délicats, puisqu'il touche aux plus nobles principes et aux plus purs sentiments de la femme : il s'agit du respect qu'elle se doit à elle-même, respect basé sur la dignité, la candeur et la chasteté féminines. Ce sont là des sentiments qui méritent une culture d'autant plus soignée qu'ils sont appelés à donner à la femme la position qu'elle a le droit d'occuper, et même à la placer sur un piédestal du haut duquel elle sera à l'abri des faiblesses et des chutes.

En se répandant partout, la civilisation assigne à la femme une place dont l'importance ne fera que s'accroître. L'humanité est entraînée dans cette voie par un courant aussi raisonnable qu'irrésistible.

Des écrivains autorisés, des orateurs éloquents ont revendiqué et revendiquent pour la femme un rôle de plus en plus prépondérant dans la société; ils demandent qu'elle puisse aspirer à devenir l'égale de l'homme; comme toute innovation, cette tendance a ses détracteurs ; — cependant le mouvement est commencé : il ne m'appartient pas de le juger, mais je puis du moins poser ici ce principe, qu'éveiller la vie intérieure chez la femme et cultiver son cœur et sa dignité, c'est le moyen le plus sûr pour la préparer à cette émancipation graduelle qu'on réclame pour elle.

Une éducation tendant à augmenter la dignité et l'honneur chez la femme engendrera chez elle un respect de soi-même qui lui fournira des armes sûres pour résister à tous les entraînements, aux velléités, aux passions, aux séductions, et éviter les chutes qui en sont la conséquence.

Malheureusement, l'abandon et le laisser-aller d'un grand nombre de femmes, appartenant à ce monde plus en évidence qui est jalousé et, par conséquent, toujours imité, contribuent beaucoup à empêcher le relèvement rapide de la dignité féminine. Aussi, dans les classes élevées, l'éducation des femmes devrait-elle s'adresser surtout au cœur.

Restreintes à quelques castes privilégiées, n'ayant jamais pénétré dans les masses, les civilisations anciennes, un instant très-brillantes, sont tombées en décadence. Les classes favorisées se bornant à user de leurs priviléges, les peuples ont fini par se trouver dans des conditions telles, qu'il leur était impossible d'être moralisés par les rares bons exemples qui auraient pu venir d'en haut. Personne ne semblait d'ailleurs se préoccuper de cette nécessité de donner de bons exemples; dès lors, bien entendu, la civilisation, n'ayant ni frein ni jeu régulier, tombait nécessairement dans la corruption et s'effondrait.

Ces civilisations se trouvaient en outre incomplètes et défectueuses par cela seul qu'elles n'assignaient à la femme aucune influence, aucun rôle sérieux.

On ne se doutait pas alors qu'il fût possible que la femme soit autre chose qu'un élément de plaisir et qu'elle pût contribuer, pour une part quelconque, à l'avancement du progrès moral.

Aujourd'hui, heureusement, il n'y a plus à redouter de tels effondrements de civilisations succédant à une période florissante. L'ère nouvelle qui s'est ouverte pour les sociétés ne fait plus de la civilisation l'apanage exclusif d'une classe ou d'une caste. La lumière a pénétré dans les masses, et, à tous les degrés de l'échelle sociale, l'être humain, quel qu'il soit, est aujourd'hui un artisan de l'œuvre civilisatrice qui s'élabore et s'accomplit. Les devoirs autrefois facultatifs se sont généralisés et sont devenus obligatoires pour tous; aussi n'est-il plus possible que la civilisation disparaisse, puisqu'elle est maintenant le partage de l'humanité entière.

Il faut cependant reconnaître que si un tel résultat a pu être obtenu, on le doit aussi en grande partie à la nouvelle place qui a été préparée successivement à la femme dans la société; autrefois esclave ou jouet, elle est devenue libre, et sa responsabilité s'est accrue dans d'égales proportions. C'est par l'emploi de ce facteur nouveau, jadis inconnu, que la civilisation a gagné en étendue, en élévation, et qu'elle s'est établie plus solidement.

L'épuration des mœurs repose donc, à notre époque, sur des bases bien plus durables qu'autrefois, et il y a, sans contredit, un progrès continu dans le développement de la moralité publique; de sorte qu'il ne serait pas juste d'accuser les générations actuelles, ainsi qu'on a coutume de le faire, de valoir moins que les précédentes, ou de regretter un passé éloigné. Mais si la marche ascensionnelle de la moralisation des sociétés est évidente, si justice est rendue à ce qui a été obtenu jusqu'ici, il faut bien aussi ne pas méconnaître l'immense œuvre qu'il reste encore à accomplir dans cette voie.

N'éprouve-t-on pas, en effet, une réelle tristesse, en voyant combien est petit encore le nombre des femmes placées au sommet de l'échelle sociale qui se rendent un compte exact du rôle nouveau qui leur est échu?

Malheureusement, la plupart d'entre elles ne sont nullement préparées à affronter les piéges séduisants de ce qu'on appelle le grand monde ou plutôt de la société oisive.

C'est dans ce monde qu'on rencontre de fâcheuses indulgences pour les faiblesses et même les chutes féminines; on les excuse, on les tolère, et il en résulte que ces mauvais exemples troublent les jeunes êtres encore candides et purs qui en sont témoins, les désorientent et, à la longue, altèrent chez eux les vraies notions de devoir, de dignité, d'honnêteté et de vertu.

Le contact continuel du mal familiarise avec le mal; les afflictions, les drames même qui suivent parfois les désordres de la vie, attendrissent aisément les natures honnêtes et les portent à avoir une trop grande indulgence pour ces désordres. C'est ainsi que s'ébranle chez elles la fermeté des principes, et que le respect de soi-même diminue à un tel point, qu'elles finissent par admettre la possibilité de la prise que le mal pourrait également avoir sur elles-mêmes.

Il arrive qu'entre la femme égarée et la femme restée honnête il s'établit un déplorable niveau commun; cette dernière se dit qu'elle a échappé au danger et en vient à s'imaginer qu'il n'y a là qu'une question de chance. Elle attribue au malheur, à la fatalité des circonstances, la chute de l'autre.

Certes, il est éminemment charitable de ne pas jeter la pierre à son prochain, mais on ne doit pas non plus tomber dans l'excès contraire et couvrir d'une fausse indulgence les écarts des femmes qui manquent à l'honneur.

Et d'ailleurs, de son côté, la femme honnête ne doit pas s'exagérer les dangers qu'elle peut courir dans le monde : ces dangers n'existent point pour celles qui auront reçu, grâce à une éducation bien comprise, bien dirigée, une forte armure de dignité et de respect d'elles-mêmes ; les femmes qui ont à craindre, ou qui tombent, sont celles à qui cette éducation a fait défaut.

La société renfermera malheureusement toujours un certain nombre de pauvres êtres faciles à surprendre et à entraîner, inhabiles à résister, ou même trop inférieurs pour essayer de réagir.

Mais il importe d'amener, par l'éducation, la grande majorité des femmes destinées à vivre dans le monde à demeurer honnêtes; il faut les empêcher d'avoir de la défiance vis-à-vis d'elles-mêmes; on y parviendra en leur apprenant à se respecter et à avoir l'assurance de la force qui réside dans le sentiment de leur dignité.

Grâce à cette confiance, elles pourront résister aux entraînements du cœur et juger comme ils doivent être appréciés les écarts des autres.

C'est donc à l'éducation que revient le rôle de combler une déplorable lacune.

Ainsi, lorsque les enfants deviennent adolescents, les parents perdent trop facilement de vue qu'il faut absolument tenir compte de leur développement et adapter les procédés d'éducation aux différentes époques de leur existence. Au moment de la puberté, lorsque de nouveaux devoirs commencent à mesure que de nouveaux sentiments s'éveillent, on fait le silence autour des enfants, tant on craint de précipiter en eux l'éclosion des passions de l'âge adulte.

Par une pruderie tout au moins bizarre, même sur le point de marier sa fille, la mère juge superflu de traiter avec elle du sujet si important des changements que ce nouvel état amènera dans sa vie. De cette abstention mal entendue provient certainement la complète inexpérience des jeunes femmes lorsqu'elles ont à lutter contre les périls du monde.

Pourquoi la mère ne s'efforcerait-elle pas, quand sa fille cesse d'être une enfant, de transformer en confiante amitié l'autorité qu'elle a jusqu'alors exercée?

Son devoir n'est-il pas d'habituer sa fille

à s'ouvrir à elle pour en faire la confidente des premières émotions de son cœur?

L'expérience de la vie ne lui permettrait-elle pas de guider d'une façon sûre cette âme jeune et troublée, indécise et en quelque sorte irrésolue, désorientée au seuil de ce monde nouveau qui s'ouvre devant elle?

Ne pourrait-elle pas aborder de front, dans des entretiens intimes, tout en y mettant la retenue nécessaire, les sujets si importants pour l'avenir de la femme et concernant le milieu où sa fille va être désormais obligée de vivre?

A cette époque de la vie de la jeune fille, il est prudent ou plutôt nécessaire que la mère l'entretienne, avec la chaleur de ses propres convictions, des questions d'amitié, d'amour, du choix du mari, des enfants à venir, des passions et même des séductions du monde. Mais, ainsi que nous le disions tout à l'heure, on craint de troubler par de tels entretiens la candeur innée de la jeune fille, et l'on a bien tort.

En effet, c'est précisément alors qu'il faudrait, en inculquant les principes sains de respect et de dignité féminine, transformer cette candeur inconsciente, cette pudeur instinctive qui lui sont naturelles, en chasteté et en honneur, sacrés vis-à-vis d'elle-même.

Ce sont là les sentiments raisonnés qu'elle devra et saura conserver comme la meilleure sauvegarde de toute sa vie.

Le père devrait en agir avec son fils comme la mère avec sa fille; à l'âge où celui-ci sera sur le point de franchir le seuil de l'indépendance, le père devra chercher à s'acquérir sa confiance et s'en faire un ami. C'est également dans des entretiens intimes qu'il pourra, profitant des sentiments délicats déjà déposés par la mère dans l'âme de l'enfant, préparer le jeune homme aux devoirs de l'homme fait envers la femme.

Fort de son expérience, il dirigera la conduite de son fils et l'amènera à comprendre que la femme n'est pas un jouet, uniquement destiné à satisfaire ses fantaisies, ses caprices ou ses passions : il lui montrera qu'elle doit être protégée, honorée et respectée, qu'il serait indigne de la traiter à la légère, et que l'avilir serait commettre un crime.

Que ne gagnerait pas la société si toute femme était pénétrée du devoir de se respecter elle-même, et si, d'un autre côté, chaque homme appelé à vivre dans le monde y entrait avec la conviction qu'il faut y respecter la femme?

Le rôle de séducteur, pour lequel on témoigne une extrême indulgence, serait considéré comme dégradant; la chute de la femme apparaîtrait dans toute sa laideur.

Enfin le monde, qui a encore tant de tolérance pour les liaisons et les aventures romanesques, reviendrait de ces déplorables faiblesses qui répandent dans toute la société de si funestes exemples.

Dans les classes privilégiées, où le manque d'occupation pousse souvent les femmes et les hommes vers les plus frivoles plaisirs, il y a un intérêt de premier ordre à ce que l'éducation porte sur la culture des sentiments de dignité, de respect et d'honneur.

Cette culture n'aurait-elle pour résultat

que de diminuer le mal particulier à la haute société, qu'on ne devrait pas moins la poursuivre avec persévérance, car s'il est difficile aux classes privilégiées de donner de bons exemples, du moins ont-elles l'obligation de cesser d'en donner de mauvais.

Si, au moyen de l'éducation, on arrive un jour à soustraire la femme à ses propres faiblesses, à la préserver des entreprises déshonnêtes dont elle est l'objet, la société trouvera dans la solution de ce double problème la plus sûre voie à suivre pour l'émancipation rationnelle et progressive de la femme.

VII

DE L'EMPLOI UTILE DE L'EXISTENCE.

Il serait superflu de traiter ici du principe général de la moralisation par le travail; il ressort, aux yeux des moins clairvoyants, que le travail, en absorbant l'individu, le détourne des occasions du mal, par conséquent du mal lui-même, et le fait profiter ainsi d'une moralisation indirecte.

C'est donc plutôt au point de vue des classes non absorbées par le travail que je me propose d'étudier ici la question de l'emploi utile de l'existence comme corollaire de l'éducation morale.

Ainsi qu'il a été dit au chapitre précédent, la civilisation repose désormais sur des bases bien plus solides que les civilisations antérieures. En répandant ses lumières dans les masses, en appelant la femme à devenir un élément moralisateur, en faisant de tout être humain un ouvrier du progrès universel, elle a créé, en effet, pour chacun, l'obligation de servir ce progrès par un emploi utile de son existence.

De cette prémisse il résulte que le devoir de toute personne, quelque situation favorisée qu'elle occupe dans la société, lui défend de s'isoler de ce mouvement progressif et lui ordonne, au contraire, de le hâter par ses efforts personnels.

De notre temps il n'est plus possible, même à un roi, de dire : « Je vis pour mon bon plaisir. » Au moment où cette inepte parole était prononcée, les ténèbres de l'ignorance enveloppaient, en quelque sorte, tout le monde. Cette ignorance elle-même, par une certaine aberration qui indique bien l'abaissement du niveau moral à cette époque, était comme un cachet et comme une caractéristique de supériorité.

Peu à peu les intelligences se sont ouvertes, les lumières, autrefois dédaignées, ont pénétré dans un plus grand nombre d'esprits, demeurés jusqu'alors rebelles à toute tentative d'instruction ou d'éducation.

Toutes les classes sociales se sont mises à l'œuvre, et, quand notre siècle a commencé, il s'est établi une sorte de compensation : le travail, parti de bas, cessant d'être dédaigné, s'était ennobli, tandis que l'éducation, partie de haut, s'était démocratisée en se communiquant aux classes inférieures.

Il en est résulté cet épanouissement de prospérité plus équitablement répartie, que nous montre le dix-neuvième siècle et qui est sans précédent dans l'histoire des sociétés. Aujourd'hui, toutes les mains travaillent à l'œuvre à laquelle ne se consacrait jadis qu'une partie de l'humanité.

Dans ces nouvelles conditions, les personnes dont la situation — qu'elle soit un héritage ou une création — domine celle des autres, savent qu'elles ont des devoirs à remplir. Le seul moyen qu'aient les aristocraties de tous genres de conserver leur situation et leur prestige, pour les transmettre à leurs descendants, est de se mettre courageusement à la tête du mouvement. En se tenant à l'écart, elles risqueraient fort d'être renversées par le courant irrésistible des idées nouvelles qui tendent à tout démocratiser.

On a donc tout intérêt à donner un but utile à sa vie, en s'occupant d'une façon profitable et en joignant ses efforts à l'effort de tous.

Ceci ne vise évidemment pas le travail purement matériel, mais a trait à toutes ces occupations qui sont plutôt d'ordre intellectuel.

Aux raisons qui viennent d'être exposées se joint, en outre, l'obligation morale de ne point faire étalage d'une choquante oisiveté lorsque tout le reste de l'humanité se consacre à l'amélioration de l'état social, et de ne pas se croire affranchi de la loi commune qui astreint tout homme à progresser et à faire progresser autrui.

Un des problèmes de l'éducation est d'appliquer cet intérêt, ce devoir et cette obligation morale à l'accomplissement de la tâche qui consiste à contribuer, par l'emploi utile de la vie, à la dignité de l'être humain. En effet, en travaillant à élargir nos connaissances, à nous rendre meilleurs, en améliorant ceux qui nous entourent, il arrivera qu'à mesure que le progrès se fera en bas, par le perfectionnement des connaissances et des applications industrielles, scientifiques et autres, ce progrès se fera aussi en haut, grâce au perfectionnement intellectuel et moral.

Les classes favorisées pour lesquelles, à proprement parler, la nécessité du travail n'existe pas, ont, comme on le voit, la noble mission de s'élever, de développer au plus haut degré leur esprit et leur cœur, et de reporter sur les autres les effets de leur culture personnelle. Elles trouvent dans cette culture d'elles-mêmes ou de leurs enfants un champ vaste pour remplir la tâche que leur situation heureuse leur impose et leur rend réalisable.

Dans cet ordre d'idées, il serait du devoir de ces classes de former des caractères dans toute la force du terme, en vue des exigences présentes et à venir des sociétés. En présence de l'acheminement incessant vers le progrès, ces caractères de trempe élevée, formés par le travail moral dont je viens de parler, seront les instruments d'une utilité de premier ordre, dont la société s'emparera pour faire avancer singulièrement l'amélioration du sort des peuples.

C'est en préparant de tels hommes supérieurs au service de la société, que ces classes payeront une large part de collaboration solidaire à l'œuvre du progrès universel.

Notre siècle, disais-je, offre un spectacle sans précédent : dans tous les milieux, du plus infime au plus élevé, il se manifeste un courant de solidarité dans lequel l'opinion confond toutes les classes. Elle exige que la seule aristocratie soit celle qui résulte de la différence des tâches dans le travail commun. De même que dans un chantier, tout le personnel, depuis l'ingénieur en chef jusqu'au plus humble terrassier, est uni par une étroite solidarité ; ainsi, dans le chantier social, où se prépare sans cesse le progrès de la civilisation, tous sont égaux devant le travail.

Le sentiment de cette solidarité universelle n'est-il pas, d'ailleurs, en quelque sorte instinctif dans notre société actuelle? Au fond de toutes les théories du socialisme et du communisme, quelque fausses, exagérées, mal appliquées et, par suite, dangereuses qu'elles soient, ne se trouve-t-il pas un avertissement et une sorte de principe en lui-même, celui d'une nécessité absolue de la coopération de tous, sans exception, à l'œuvre de l'avancement des sentiments humanitaires et du progrès? C'est cette idée, qui se retrouve dans toutes les tentatives de solidarisation mal comprise ou mal appliquée, qui préoccupe et passionne en ce moment tant d'esprits.

Il est grandement à désirer que, dans ces conditions, si nouvelles pour la société, les idées fausses et dénaturées puissent être remplacées au plus tôt par des idées saines sur ces diverses questions brûlantes, qui méritent de fixer l'attention de tous les esprits réfléchis; il faudrait que la pédagogie morale puisât dans cet arsenal des ressources modernes pour créer les éléments d'un enseignement rationnel à l'aide duquel elle saurait propager dans les masses les principes de la vraie solidarité, celle qui ordonne de s'entr'aider, de se soutenir, de se rendre utiles les uns aux autres, mais qui n'exclut pas les supériorités, dès l'instant qu'elles contribuent dans une équitable mesure au bien, à l'utilité et à l'harmonie générales.

Mais, en attendant que les masses, ainsi éclairées, puissent cesser de considérer comme injustes la disproportion et l'inégalité des conditions sociales, il est rigoureusement indispensable que l'éducation prenne, dans les classes aisées, une direction conforme aux exigences nouvelles, exigences qui, sans aucun doute, s'accroîtront désormais toujours davantage.

La première règle de cette éducation serait d'inculquer dans l'âme impressionnable de l'enfant le goût et l'amour du travail, concurremment avec le respect du travail chez tous ceux qui s'y livrent, quelle que soit leur position dans la société ; la seconde serait d'imprégner l'esprit des enfants de ce principe, que toute existence, dans quelque situation qu'on occupe, doit avoir un but utile, et que chacun doit atteindre ici-bas ce but pour contribuer au bien de tous.

Initié de bonne heure à la vie laborieuse, signe caractéristique de notre époque, l'enfant s'appliquera volontiers à ses études, pour acquérir une instruction solide devenue indispensable de nos jours. Il prendra d'instinct, pour la suite de sa vie, l'habitude de s'occuper utilement; en outre, si les circonstances ou la mauvaise fortune lui créent certaines nécessités de travail, il sera mis en mesure de s'y adonner avec bien plus de facilité. Enfin, toutes ces tendances sérieuses et élevées devraient être entretenues et stimulées chez la jeunesse, non-seulement durant le temps consacré à ses études, mais aussi au delà de l'adolescence.

Malheureusement tout cela ne se pratique encore qu'insuffisamment. Que se produit-il en réalité dans les classes privilégiées? Le jeune homme, au sortir de la vie studieuse, se trouve brusquement lancé dans le vide de la vie oisive; l'interruption des études, le changement subit d'existence, amènent pour lui des tentations de tout genre et des dangers d'autant plus grands qu'il a été moins préparé par l'éducation à se mettre en garde contre les écarts inévitables de la vie frivole et de ses attraits. Le même mal s'observe chez la jeune fille ; sortie des mains des professeurs, elle se voit tout à coup inoccupée et livrée au monde et à ses dangereuses futilités.

Cet état de choses devrait nécessairement prendre fin.

Il est indispensable que les principes d'éducation imposent l'obligation de s'occuper utilement à toute époque de la vie et dans toute condition, principes qui prémuniraient la jeunesse contre les dangers que la cessation des études occasionne inévitablement.

Il serait sage d'éveiller chez les enfants des goûts sérieux, nobles et élevés, de développer les talents particuliers qu'on découvre en eux; on leur ferait ainsi prendre un goût très-vif pour les choses de la science ou de l'art. Il y aurait là un préservatif tout trouvé pour cette époque critique où la jeunesse, ayant de trop grands loisirs, se laisse aller aux entraînements de l'imagination et du cœur, pour n'en retirer souvent qu'ennui, tristesse, déceptions et périls. En procédant de cette manière, il sera possible pour le jeune homme, avant qu'il se voue à ses affaires personnelles ou à une occupation d'utilité publique, pour la jeune fille, avant qu'elle se marie, de combler du moins quelques-uns des vides de la vie purement mondaine à laquelle on les astreint de si bonne heure.

A cette époque intermédiaire, il y aurait certes une manière plus élevée et plus salutaire encore d'employer son temps;

ce serait de compléter la culturé de soi-même en vue du rôle prochain d'éducateur que l'on devra remplir à son tour auprès de ses propres enfants. Mais, pour le faire, il faudrait se trouver dans un milieu tout à fait approprié, qui, par malheur, ne se rencontre qu'exceptionnellement. Et cependant, quel bienfait ne recueillerait-on pas, si un plus grand nombre de futures jeunes mères et de futurs chefs de famille avaient des tendances plus sérieuses, s'ils étaient préparés à leurs nouveaux devoirs! Ils découvriraient alors dans la vie conjugale et dans les expériences attrayantes de l'éducation des enfants, d'abord le vrai charme, puis la noble occupation, qui les sauvegarderaient des dangers du monde et des périls sociaux.

La conclusion nécessaire de ce qui précède est que tout homme, en dehors de l'obligation du travail proprement dit, est tenu du moins de le remplacer par une occupation d'utilité directe ou indirecte; qu'il y a toujours une occupation à notre portée, celle de notre propre culture intellectuelle et morale, en vue de pouvoir se consacrer dans les meilleures conditions possibles à l'éducation d'autrui.

Enfin, de tout ce que nous venons de dire, il ressort avec évidence que, pour produire des effets de moralisation par les bons exemples, pour concourir par conséquent au progrès universel, il est indispensable que tous, sans exception, puissent s'inspirer du devoir de vivre utilement, devoir suprême qu'on pourrait appeler très-justement le devoir du devoir.

VIII

DE LA SÉRÉNITÉ.

Toutes les religions, et en particulier le christianisme, ont donné pour sanction suprême, pour récompense de l'observance et du respect de leurs dogmes et prescriptions, cette magnifique espérance des joies de la vie céleste, où, selon la parole du Christ, les premiers seront les derniers, et les derniers deviendront les premiers. Toutes ces croyances élèvent l'âme humaine en lui apprenant que la vie ne se termine pas ici-bas, et en lui donnant, avec cet espoir d'une récompense future, une force pour supporter les tristesses et les malheurs de son passage sur cette terre.

Cette haute doctrine attire donc l'homme par l'appât des récompenses qu'elle promet. Dans l'ordre des idées religieuses, cette récompense ne pouvait être placée que dans la vie future, vers laquelle tend l'âme humaine.

La religion s'est inspirée de cette nécessité, et, en posant par delà ce monde le but des aspirations de l'homme, elle a indiqué l'importance et la supériorité qu'elle assigne à ses enseignements et à l'obligation de les suivre.

Dans le sens que je lui donne, l'enseignement de la morale n'a pas de si hautes prétentions : son objet est le perfectionnement de l'individu, afin d'arriver, par des efforts successifs, à contribuer à l'amélioration de l'ensemble de l'humanité ici-bas.

Cet enseignement n'offrirait cependant de l'attrait, à mon avis, qu'à la condition d'avoir aussi une sanction et une récompense suprêmes. Il importe donc de démontrer qu'elles existent réellement pour ceux qui auront la force et la persévérance de pratiquer ce travail moralisateur, dont j'ai déjà parlé, et de justifier également cette assertion, posée en principe, que l'homme, en devenant meilleur, devient nécessairement plus heureux.

Et d'abord qu'est-ce que le bonheur? Est-il bien réellement tel qu'on se le représente? Certes, le bonheur absolu est chose inconnue sur la terre, étant données les milliers d'afflictions qui assaillent continuellement l'humanité. Dans la vie la plus heureuse en apparence, chaque jour, on peut dire, apporte son nuage. Les contradictions extérieures, les causes indirectes qui motivent les événements et qui échappent à notre intelligence comme à notre volonté, sont un obstacle insurmontable à la complète réalisation de ce bonheur. On ne peut, d'ailleurs, le rencontrer dans un monde encore embryonnaire par rapport au développement des principes sociaux, et, par suite, de la perfectibilité humaine.

Le bonheur ne peut donc être que relatif : on peut le trouver uniquement dans l'art de tirer parti de tous les beaux côtés de la vie, d'admirer ce qu'elle a de bon et d'utiliser tout ce qui peut l'embellir et la rendre plus agréable. C'est un bonheur dont la source est au dedans de nous-mêmes, qui le créons après avoir souffert et lutté depuis l'enfance contre les imperfections de caractère et les revers de la vie.

C'est en s'en tenant à ce juste milieu, également éloigné de l'insouciance exagérée et des inquiétudes outrées, qu'on obtiendra le contentement paisible qui a nom sérénité, seul bonheur qu'on puisse espérer atteindre, et dont nous possédons tous les éléments.

Nous avons vu que le travail intérieur, c'est-à-dire la vie de réflexion, avait pour objet de nous faire acquérir la connaissance de notre être moral : dispositions, faiblesses, penchants et défauts ; l'effet de cette connaissance sera de nous rendre moins sévères pour les travers de nos semblables ; la prétention que nous avons de trouver la perfection chez les autres disparaîtra, tandis qu'au contraire l'indulgence et la bienveillance se développeront progressivement.

Tout prendra dès lors pour nous une apparence plus satisfaisante : de moins en moins exigeants vis-à-vis des hommes et de la vie en général, nous serons de plus en plus résignés.

N'y a-t-il donc pas dans l'acquisition de toutes ces qualités d'indulgence, de bienveillance et de résignation, un élément de contentement plus facile, c'est-à-dire, de bonheur relatif plus accessible?

N'est-il pas évident que l'être humain qui aura eu le courage de s'étudier, de vivre intérieurement pour se connaître, de lutter contre ses penchants mauvais pour les détruire et développer les bonnes tendances, trouvera dans l'œuvre de son amélioration une récompense immédiate, en anticipation des récompenses promises au delà de ce monde ?

La vie, il faut l'avouer, est loin d'être gaie, lorsqu'on la considère sous son véritable aspect.

La première chose qui nous attriste, c'est la connaissance et l'analyse de nos faiblesses. L'existence se trouve ainsi troublée dans son origine par le mécontentement que ces révélations nous causent.

En outre, l'accomplissement du devoir est parfois ingrat et plein de difficultés, il nous tient en haleine, nous irrite et nous met dans la nécessité de lutter continuellement.

Et même, après avoir triomphé, lorsque les mécontentements éprouvés ont disparu, il en surgit toujours encore de nouveaux, qui nous troublent et nous agitent.

Ce n'est qu'après avoir pénétré plus avant dans cette voie de l'éducation de nous-mêmes, après l'avoir, en quelque sorte, transfusée dans notre sang, que nous parviendrons à nous dégager de ces afflictions qui résultaient du perfectionnement insuffisant de notre être moral, et que nous arriverons à un état de repos et de paix intérieure, grâce auquel nous pourrons jouir avec calme de tous les beaux côtés de la vie.

A quoi serviraient, en effet, tous les dons, la richesse, les honneurs, la considération, la possession du pouvoir, les priviléges, sans ce calme intérieur qui seul permet de les apprécier? Les gens soi-disant heureux, affranchis de tous les soucis matériels, ceux dont la position paraît si enviable, sont plus sensibles que les autres aux petites misères morales. Pour eux, et en raison même de la facilité avec laquelle ils peuvent satisfaire leurs fantaisies ou leurs caprices, la moindre contrariété devient l'occasion d'une déception ou d'un chagrin. Ils sont si peu habitués aux obstacles, que la peine morale la plus légère les émeut aisément.

Leurs souffrances sont d'autant plus vives qu'on semble croire qu'ils devraient être hors de l'atteinte de ces contrariétés. Combien ne voit-on pas de privilégiés qui, ayant l'air de posséder tous les éléments du bonheur, sont cependant inquiets, mécontents, se plaignent sans cesse et finissent par devenir vraiment à plaindre !

Les uns aspirent à un vague idéal de satisfaction mal définie, qui les obsède et leur ôte, par les désirs qu'il fait naître en eux, le plaisir que la vie et la place qu'ils y occupent pourraient leur assurer.

Les autres ont des prétentions sans cesse croissantes, qui ne leur laissent aucun repos pour jouir en paix de ce qu'ils possèdent; la satisfaction que leur fait éprouver ce qu'ils ont acquis est sans cesse gâtée chez eux par l'envie de ce qu'ils veulent acquérir encore; chez quelques-uns même, l'envie de la position des autres détruit le charme de leur propre position. Enfin, un certain nombre d'hommes sont d'une susceptibilité telle, qu'elle leur fait tout voir sous un jour défectueux, qui enlève toute beauté à l'existence; ils tombent bientôt dans la malveillance : celle-ci leur attire des inimitiés et de vrais désagréments.

Il existe encore une catégorie de personnes qui demandent aux distractions les plus frivoles et même aux désordres de la vie le moyen de se soustraire à l'ennui qui les poursuit sans cesse.

A quoi attribuer toutes ces misères et ces causes de tristesse, sinon à l'absence de réflexion sur la vie elle-même et à l'ignorance des sources auxquelles on doit puiser les satisfactions et le bonheur relatif que cette vie peut nous donner?

Oh! si les hommes voulaient comprendre que c'est dans la sérénité seule qu'ils trouveront le moyen de satisfaire tous leurs désirs et le secret du vrai bonheur, combien ne s'efforceraient-ils pas de l'acquérir pour faire disparaître les causes des souffrances qu'ils trouvent en eux!

Ne consacreraient-ils pas à l'acquisition de cette source de bonheur possible une partie de leur activité d'esprit, qu'ils prodiguent inconsidérément par ambition, par envie, dans des plaisirs désordonnés ou même dans les préoccupations oiseuses d'où leur viennent les peines qu'ils éprouvent?

Oui, l'acquisition de la sérénité serait un véritable trésor pour l'homme : nous pouvons y parvenir, on le voit, en écartant de nous les éléments principaux des douleurs et des amertumes par un travail intérieur d'amélioration. C'est donc à nous-mêmes que nous devrons la somme la plus grande du bonheur réalisable, qui n'est autre que la sérénité : ce sera la première et suprême récompense que nous puissions avoir ici-bas; l'éducation nous l'offre comme la résultante de nos efforts et leur sanction.

Il y a un petit nombre d'élus chez lesquels la sérénité est innée : j'en ai déjà parlé à propos de la culture du cœur. En venant au monde, ils apportent avec eux une nature tellement riche, que tout émane d'elle spontanément, presque sans culture ni travail. La sérénité leur donne toutes les qualités qu'elle est à même de procurer, telles que le bon sens, la bienveillance, l'indulgence. Ces natures d'élite devinent d'instinct la juste part qu'il convient de prendre dans les joies et les tristesses de ce monde; elles comprennent et savent régler sagement leur vie.

Mais il ne faut pas confondre avec la sérénité naturelle un sentiment d'insouciance qui en a parfois les allures, et qui n'est autre chose que la légèreté jointe à l'indifférence.

Grand est le nombre des insouciants : — ils traversent la vie, laissant autour d'eux et après eux un vide peu enviable. A de fort rares exceptions près, cette existence insouciante se venge tôt ou tard de ceux qui l'ont menée. Ce n'est donc pas l'insouciant qu'il faut envier, comme on est enclin à le faire, mais bien plutôt ce sage que rien ne trouble profondément et dans l'âme duquel règnent la paix et le calme.

C'est ce dernier qu'il faudrait s'efforcer d'imiter, en essayant d'acquérir les qualités et les vertus qui donnent la sérénité, cet inestimable bien.

Dans le domaine de l'éducation, comme dans la vie en général, la question de la sérénité a été sinon méconnue, du moins trop négligée; on l'a trop insuffisamment appréciée en ne s'en occupant que d'une façon insignifiante par rapport aux grands résultats qu'il serait possible de tirer de sa culture. Trop généralement aussi l'on se figure que la sérénité est un don naturel dont l'acquisition n'est guère possible à ceux qui n'en ont pas été favorisés en naissant : — c'est là une grave erreur.

Nous avons vu, en effet, que la sérénité s'acquiert indirectement, puisqu'il a été établi qu'elle est la résultante d'un travail sagement pratiqué, et que tous ceux que les difficultés ne rebuteront pas peuvent être certains de l'acquérir, alors même que la nature n'en aurait pas déposé le germe chez eux.

On parvient à la posséder non moins directement, lorsqu'une culture habilement ménagée vient développer à temps les penchants naturels, qui poussent presque toujours le jeune âge à la gaieté et à l'insouciance. Il s'agit seulement de s'occuper avec grand soin de fortifier, chez les enfants, les dispositions au contentement; et, par contre, il faudrait combattre vigoureusement ou détruire chez eux, autant que possible, toute tendance au mécontentement, dont les symptômes primitifs et caractéristiques sont les prétentions, les exigences, les bouderies, la tristesse et l'ennui.

Il est de nécessité absolue que la jeunesse apprenne de bonne heure à comprendre que le contentement provient de nous et en dépend, qu'il contribue singulièrement à élever le caractère, et qu'il n'y a rien d'aussi beau et d'aussi juste que d'apprécier ce que l'on a et de savoir s'en contenter toujours.

De ces mesures d'éducation prises dès le bas âge, et de cette véritable culture du contentement, naîtra une sérénité qui persistera à travers toutes les péripéties de la vie.

Si tout le monde, et en particulier les personnes auxquelles l'existence humaine apparaît sous un jour plus sombre ou qui n'attendent que de la vie future la réalisation des joies promises, voulait se convaincre de la possibilité d'acquérir la sérénité par une des deux voies indiquées plus haut, la culture de celle-ci prendrait un développement inconnu jusqu'à ce jour; les beaux côtés de la vie se révéleraient à tous ceux qui ne savent pas les apprécier suffisamment, et la majorité des hommes finirait par considérer l'existence d'ici-bas comme une belle et noble mission!

IX

APPENDICE.

DES ÉDUCATEURS ET DES ENFANTS.

Si, grâce à une plus grande liberté et à une plus grande dignité conquises par les hommes, il est désormais impossible de nier les progrès constants de la morale ; si, d'autre part, cette amélioration, produite naturellement, se continue tous les jours par sa propre impulsion, il n'est pas moins évident qu'il est nécessaire de l'accroître de toutes ses forces. Pour peu, d'ailleurs, qu'on examine ce qui se passe dans la société contemporaine, on s'aperçoit bien vite que les efforts de tous tendent à ce but. Dans plusieurs pays où l'on a cru sage de retirer aux anciens éducateurs le droit exclusif qu'ils avaient de guider l'humanité, on cherche maintenant de nouvelles méthodes d'éducation morale destinées à remplacer celles qui sont considérées comme ayant fait leur temps.

Il ne faut pas cependant se faire illusion; bien que tout ou presque tout ait été dit sur l'éducation morale, bien que ses principes généraux soient connus et soient formulés dans des publications qui paraissent tous les jours sur la matière, on ne les a pas encore réunis, classés, codifiés, pour ainsi dire, en un traité scientifique qui permette de résoudre les problèmes essentiels relatifs à l'enseignement de la morale.

Ainsi que nous l'avons déjà fait remarquer au commencement de cet essai, la pédagogie morale, c'est-à-dire la science que devront propager les éducateurs nouveaux, n'existe encore qu'à l'état rudimentaire ; les vraies notions de l'enseignement font défaut presque complétement, et, d'un autre côté, il manque un personnel d'éducateurs suffisamment préparés et capables de tirer parti des éléments actuellement entre leurs mains.

Jusqu'ici, dans les différents pays, le corps enseignant, toujours préoccupé, du reste, de réagir sur l'état moral des élèves, s'est attaché, dans le choix de ses méthodes d'instruction, à y mêler des éléments de nature à profiter aussi à l'éducation. Ce n'est cependant que d'une façon tout à fait indirecte que cet enseignement pouvait produire son effet, attendu qu'il était destiné spécialement à l'intelligence et seulement d'une façon accessoire à l'âme et au cœur.

En présence des besoins nouveaux, il est de toute nécessité de scinder cet enseignement en deux branches qui porteraient d'une façon plus égale et plus directe sur les deux parties qui forment l'être humain : l'intelligence et le cœur. Et, puisqu'il s'agit de remplacer les anciens éducateurs, il est d'une extrême urgence de former au plus vite ce personnel apte à diriger et à développer les facultés morales de la jeunesse, pour les mettre au niveau des exigences de la société moderne.

Mais ce n'est pas ici le lieu de traiter un aussi vaste sujet; il est, d'ailleurs, à l'ordre du jour et attire la sollicitude de personnes plus autorisées que moi. Ce travail est plus limité; il doit se borner à s'occuper des éducateurs naturels, c'est-à-dire des parents, auxquels leurs fonctions de chefs de famille imposent la tâche de guider les enfants; ceux qui se destinent à seconder ou à remplacer les parents et la famille, dans l'éducation, rentrent également dans le cadre que je me suis tracé.

Il serait inutile, après ce qui a été dit précédemment, d'insister encore sur la grandeur et la difficulté du rôle de l'éducateur; en effet, on a vu quelle profonde étude de soi-même nécessitait l'accomplissement de la mission éducatrice. Il ne faudrait pas, néanmoins, se décourager en s'exagérant la difficulté de la tâche : il ne serait ni juste ni sage d'exiger la perfection de soi-même ou des autres; il suffit d'avoir toujours les yeux fixés sur cet idéal, de remplir son devoir avec amour et dévouement, et de bien se rappeler que chaque modification apportée dans un caractère, chaque amélioration obtenue dans cette voie par nos soins, est un pas fait en avant; d'un côté, ce progrès donne satisfaction à nos efforts; de l'autre, il nous rassure en témoignant que, par l'œuvre ainsi poursuivie de génération en génération, l'amélioration générale deviendra de plus en plus évidente et certaine.

Est-il besoin de dire que les éducateurs par excellence, ceux que la nature donne à chacun, ce sont la mère et le père, unis dans la communauté des soins à prodiguer à leur enfant; en admettant que chez eux les connaissances plus spéciales de l'éducation ne soient pas tout à fait suffisantes, ils y suppléeront, au besoin, par l'amour et par une intuition en quelque sorte providentielle, qui pourra leur servir souvent de guide et leur indiquer où se trouve le véritable intérêt de l'enfant.

Tel n'est pas le cas de l'éducateur par vocation, auprès des enfants d'autrui; chez celui-ci, l'amour, ne se trouvant pas au même degré, ne comporte naturellement pas les lumières qui l'accompagnent et qui, à défaut d'autres connaissances, suppléent jusqu'à un certain point au savoir.

Aussi est-il très-rare, pour ne pas dire impossible, de trouver des personnes en état de remplacer complétement les éducateurs naturels.

Dans la pratique de l'éducation, on se heurte assez généralement à la difficulté de trouver les moyens et les procédés particuliers propres à faire obtenir les résultats qu'on se propose. Tout le monde semble être d'accord sur un point, c'est que les préceptes et les principes essentiels sont suffisamment répandus, que les formules principales se lisent un peu partout, mais que la manière de les appliquer dans la culture des facultés et des sentiments n'est presque nulle part indiquée et ne se trouve dans aucun traité d'éducation.

Dans cette appréciation, vraie au fond, on ne tient cependant pas assez compte de ce que l'individualité, tant chez les enfants que chez les éducateurs, crée de complications, en présence desquelles les moyens trop généralisés, si on les donnait comme la règle, amèneraient, dans beaucoup de circonstances, des effets contraires à ceux qu'on désire obtenir.

Toutefois, en attendant le jour où l'art

de l'éducation sera une science exacte avec ses principes, ses moyens et ses lois fixes, nous devons profiter des nombreuses expériences déjà faites et nous en tenir à certains moyens reconnus pratiques et qui peuvent être hardiment conseillés à tous les éducateurs.

En première ligne, je place le moyen tiré du devoir et de la nécessité de s'occuper assidûment des enfants et de les placer, en outre, dans le milieu le plus propre à leur servir d'exemple pour tous les actes de leur existence. Il ne faut pas se le dissimuler, l'emploi de ce moyen, qui, à vrai dire, résume presque tout en lui, est aussi ardu que laborieux.

En effet, les parents ne sont, pour ainsi dire, plus maîtres de leur vie lorsqu'elle doit s'employer à préparer celle des enfants à qui elle est, en quelque sorte, subordonnée, puisque tous les instants doivent être consacrés à surveiller ces jeunes âmes, à épier les symptômes bons ou mauvais qu'elles trahissent dans les moindres actions et qu'on doit suivre heure par heure, si l'on veut assister à leur manifestation spontanée. De plus, les parents sont obligés de s'observer continuellement eux-mêmes, de résister à leurs habitudes ou à leurs penchants défectueux, et ce n'est qu'alors que, de l'ensemble de ces efforts, de ce sacrifice permanent de leur repos, de leur vie tout entière, naîtra cette atmosphère de dignité et de santé morale qui entoure la vraie famille, celle qui, comprenant sa mission, la remplit avec amour et dévouement.

Nous disions tout à l'heure que cette tâche est bien ardue; hâtons-nous d'ajouter qu'elle porte avec elle, en revanche, un charme et des joies que rien ne saurait compenser pour les personnes qui auront sérieusement médité sur l'existence humaine. Que peut-on trouver, en effet, de plus digne et qui puisse donner, en même temps, plus de satisfactions que la vraie vie de famille, avec tous ses devoirs, dont le premier est de se consacrer aux êtres à qui l'on a donné le jour?

Nul n'a assurément mieux exprimé et d'une façon plus éloquente que Victor Hugo, dans son poëme si connu : « Lorsque l'enfant paraît », le charme qu'un enfant apporte dans le foyer et le bonheur que sa venue y amène.

Le grand poëte a écrit sur l'enfant avec toute son âme et tout son génie. Il a singulièrement contribué à rehausser ce petit être, en le poétisant et en appelant sur lui l'attention de tous. Dans son œuvre colossale, la partie qui concerne l'enfant est la plus heureuse et la plus vraie. Aussi Victor Hugo a-t-il, en quelque sorte, frayé de nos jours la voie dans laquelle les éducateurs doivent désormais marcher.

Sans doute, de tout temps, l'amour de leurs enfants a été le sentiment naturel et universel des parents; on peut dire cependant, sans exagération aucune, que c'est à notre époque que cet amour a pris sa véritable physionomie et acquis sa juste portée, au point de vue du bien qui doit en rejaillir sur la société.

Depuis l'état patriarcal jusqu'à nos jours, la manière d'entendre cet amour a subi de nombreuses phases, et les devoirs qui en découlent ont été diversement interprétés;

tantôt le père a eu la direction exclusive de tout ce qui concernait l'enfant; tantôt, au contraire, il s'en dégageait complétement pour la laisser à la mère; de notre temps seulement, la communauté d'efforts du père et de la mère, ainsi que l'amour pour les enfants, ont été bien compris; l'esprit de la vraie famille a dès lors pris naissance et a eu pour résultat ce progrès constant de la civilisation que nous constatons journellement.

Après avoir établi que le moyen principal à employer dans l'éducation des enfants consiste à s'occuper d'eux avec amour et dévouement, on peut dire aussi que ce devoir est la grande loi qui doit guider aujourd'hui tous les parents.

Ce devoir s'impose particulièrement aux classes privilégiées, dont j'ai dit, à propos de l'emploi utile de l'existence, que l'éducation était un de leurs principaux attributs.

C'est à elles, j'insiste sur ce point, qu'incombe l'obligation de donner l'exemple, puisque toutes les conditions de leur vie le leur permettent. Cet exemple se transmettant aux classes moins favorisées, le niveau de l'éducation s'élèvera par cela seul qu'on aura pris son point de départ plus haut qu'il n'était autrefois. L'amélioration des uns se reportera sur les autres : chez l'enfant élevé dans un milieu où régnaient la tendresse et la confiance, les sentiments beaux, généreux et nobles, dans toute l'acception du mot, s'épanouiront et ne manqueront pas de produire plus tard en eux des qualités qui réagiront salutairement et se réfléchiront sur les autres milieux sociaux.

Aussi ne faut-il pas se lasser de le répéter : le vrai rôle des familles aisées, leur devoir essentiel, est de s'adonner à l'éducation de leurs enfants. Dans ces classes, malheureusement, il arrive souvent qu'on se fait remplacer presque complétement dans la pratique de l'éducation, ou bien, ce qui est une tendance plus déplorable encore, les parents s'affranchissent de tout souci en confiant leurs enfants à des mains étrangères. Dans le premier cas, l'éducation ne pourra certes jamais valoir celle que dirigeraient les parents eux-mêmes; pour atténuer, dans la mesure du possible, l'inconvénient qu'il y a à recourir à des aides, les parents devraient apporter dans le choix de ceux-ci une circonspection extrême et les surveiller continuellement, en se réservant toujours la direction supérieure de l'éducation. Quant à la tendance qu'on peut avoir à éloigner les enfants de la maison paternelle, on comprend les graves préjudices qu'elle occasionne. N'y a-t-il pas, en effet, quelque chose de contraire à la nature dans la séparation de l'enfant d'avec sa mère, alors qu'il appartiendra à celle-ci de veiller sur sa culture morale, et surtout sur celle de sa fille dont elle doit guider les sentiments pour devenir par la suite sa confidente et sa véritable amie? Pour les garçons, n'y a-t-il pas également imprudence et même danger à les éloigner de trop bonne heure du foyer domestique, et à faire naître ainsi trop tôt chez eux des habitudes d'indépendance prématurée et de séparation contraires à l'esprit de famille? On les prive ainsi de cette influence salutaire que les exemples de la maison peuvent produire, et qui se gravent dans l'âme de l'enfant pour le reste de la vie!

Sans doute l'école, ou plutôt l'éducation au dehors, offre, pour les garçons, certains avantages que je ne veux pas méconnaître; mais l'action de l'école, pour être efficace et porter ses fruits, doit nécessairement se compléter par celle de la famille; l'enfant ne peut que gagner à se rapprocher des autres et à vivre au milieu d'eux, tandis qu'il réchauffera chaque jour son cœur au foyer de la famille, qui est certainement la meilleure école d'éducation.

Combien il y a lieu, dès lors, de blâmer les parents qui, n'ayant quelquefois qu'un seul enfant, fils ou fille, restent fidèles à l'habitude érigée en principe dans certaines familles de se séparer de lui, pour l'interner dans un pensionnat ou un collége!

Cet abandon est injustifiable; il ne peut produire de bons résultats que dans le cas où les parents se trouvent tellement absorbés par la vie du plaisir et de la dissipation, que leurs exemples seraient pernicieux; de cette façon, la privation de famille permet du moins à l'enfant d'échapper à une influence dangereuse qui fausserait son être moral et contaminerait dans sa fleur ce que son âme peut contenir de bon.

Il faut le répéter, si aucune raison majeure ne s'y oppose, si, de plus, ses moyens matériels le lui permettent, toute famille doit faire ou diriger par elle-même l'éducation de ses enfants. La loi de nature et la loi de raison le veulent ainsi, et le reproche de déserter le premier devoir de la vie peut être justement adressé à tous les parents qui agissent autrement.

A côté de ce premier moyen à adopter par les éducateurs naturels et leurs aides ou suppléants s'en place un autre, des plus efficaces, et qui est, de plus, un principe d'éducation malheureusement trop peu observé : c'est d'user en toute circonstance, vis-à-vis des enfants ou des élèves, de la douceur unie à la fermeté.

En ce qui concerne la douceur, n'est-elle pas le plus bel ornement, la vraie saveur du cœur féminin? Ce n'est autre chose qu'une grande tendresse associée à une grande indulgence; la femme qui la possède se trouve munie d'emblée d'un moyen d'éducation d'une inappréciable portée. « Il n'y a que les personnes qui ont de la fermeté qui puissent avoir de la douceur », a dit La Rochefoucauld. Cette maxime peut sem-

10.

bler paradoxale : on peut cependant en faire ressortir la vérité. Il faut, en effet, une certaine fermeté pour équilibrer la douceur, et, tout en lui conservant son caractère, l'empêcher de dégénérer en faiblesse ou en fâcheuse complaisance. Réunies, intelligemment combinées, la douceur et la fermeté forment un ensemble parfait que tous les éducateurs devraient se proposer pour but.

La disparition de l'absolutisme chez les nations les plus avancées a donné à tous les hommes un droit égal à la liberté et, par suite, au bonheur. De nos jours, le mot d'ordre général est que tout homme doit devenir de plus en plus heureux ; or, rien n'est plus propre à rendre l'humanité plus digne et plus parfaite qu'une grande diffusion de bonheur ; c'est dans cette diffusion que résidera le véritable et constant progrès.

Ne semble-t-il pas, dès lors, juste et rationnel de commencer avant tout par appliquer à l'enfant, en cherchant à le rendre heureux, cette loi qui s'adresse à toute l'humanité?

Jadis, on le sait, l'esprit autoritaire des gouvernements avait dû nécessairement pénétrer aussi dans la famille, faite à leur image. La crainte dominait tout alors, et, dans l'éducation, l'obéissance filiale reposait sur la crainte : sur elle seule étaient basés le pouvoir et l'autorité paternels. La société moderne a fini par comprendre que la crainte était, en elle-même, un sentiment humiliant, ayant fait son temps; que l'enfant ne devait plus l'éprouver, et qu'il y avait lieu de le remplacer par un sentiment de confiance réciproque, ainsi que par des procédés de douceur, tempérés par la fermeté et la justice.

Là est le rôle nouveau de l'amour des enfants, amour éclairé et vigilant qui est destiné à les rendre plus heureux et à devenir, en outre, un des principaux agents de toute éducation moderne.

Assurément une grande prudence est nécessaire pour maintenir dans les justes limites qui lui conviennent ce principe dominant de rendre l'enfant heureux. Pour conserver à cette loi la mesure voulue, afin de ne pas tomber dans l'exagération, et pour lui donner toute son efficacité comme moyen d'éducation, le bonheur de l'enfant exige un amour mêlé d'une grande prudence.

Les impressions de l'enfance se gardent

toujours très-nettes et très-vivaces, douces, si celle-ci a été heureuse; tristes, si elle a été tourmentée. L'introduction du nouvel élément qui vient d'être indiqué affranchira dorénavant l'enfant, et plus tard l'homme, des impressions et des influences nuisibles que la génération actuelle éprouve encore si souvent, quand elle se reporte aux procédés qui ont servi à l'élever.

Le régime de la terreur et des punitions disparaît heureusement de plus en plus, tant à l'école qu'à la maison.

A l'école, les maîtres ont enfin compris que l'ancien système, basé sur un principe de sévérité poussé presque jusqu'à l'hostilité vis-à-vis des élèves, devait faire place à la bienveillance, à l'aménité et surtout à une confiance mutuelle. Se souvenant qu'eux-mêmes ont été enfants, ils reconnaissent les mérites de ces procédés et peuvent juger combien ils sont préférables aux anciens, et plus en rapport avec le courant des idées du siècle.

Dans la maison paternelle il est plus facile encore d'appliquer l'indulgence et la bienveillance dans les rapports avec les enfants : ils y ont, du reste, naturellement droit en raison de leur âge et de leur faiblesse. La connaissance de soi-même, fruit de la vie intérieure, aura fait comprendre combien l'indulgence et la bienveillance sont nécessaires envers le prochain : si ces qualités doivent être exercées vis-à-vis des hommes faits, à plus forte raison doivent-elles être pratiquées à l'égard des enfants.

L'usage de la douceur dans la première partie de l'éducation, qui commence au berceau, est facile pour la jeune mère :

elle suit alors les mouvements de son cœur; le champ de la douceur est, à cette époque, bien plus étendu que celui de la fermeté. Toutefois, dès cette première période, tout en se livrant à ses épanchements, la mère aura l'occasion de faire un premier apprentissage de fermeté maternelle; il lui faudra résister parfois aux pleurs du petit être chéri, qu'il lui serait cependant si facile d'apaiser en cédant : elle ne le fera pas afin de lui faire prendre, dès cette époque, diverses bonnes habitudes. Plus tard, le besoin de fermeté grandit avec l'enfant; aussi bien les mères n'ont pas à craindre de prodiguer alors toute leur tendresse à ces jeunes créatures qui font le charme de notre vie : elles n'ont qu'à les combler toujours d'indulgence, pourvu qu'au moment donné, elles aient la force de refouler en elles leur douceur habituelle et de s'armer d'une volonté ferme qui sache dire « non » sans faiblir.

Il est dur de refuser quelque chose à son enfant, et cependant on le fait bien souvent sans raison ni nécessité absolue, quitte à finir par céder; c'est une fausse fermeté, ou plutôt c'est une faiblesse déguisée. La vraie fermeté, celle qui complète si bien la douceur, veut, dans l'intérêt de l'enfant, qu'on soit très-parcimonieux des refus et qu'on évite même les occasions qui pourraient les amener, afin que le « non », lorsqu'il est prononcé à propos, puisse rester inébranlable. On constate tous les jours que les enfants se soumettent mieux, et comme instinctivement, aux personnes qui les traitent d'ordinaire avec douceur et, quand il le faut, avec la fermeté nécessaire.

Cette douceur, ainsi comprise, est d'ailleurs indispensable dans tous les rapports avec les enfants. En effet, ne convient-il pas d'excuser chez eux les petits écarts, les étourderies, qui, parfois, impatientent ou même blessent, puisqu'ils proviennent, le plus souvent, de leur inconsciente innocence, et qu'on aurait tort de les attribuer à d'autres causes? Comment ne pas se défendre de toute susceptibilité à leur égard? susceptibilité qui serait dangereuse, du reste, pour la personne qui l'éprouverait, car elle lui ferait perdre aussitôt le sentiment de justice et de mesure avec lequel il est indispensable de procéder vis-à-vis des enfants.

Cette même douceur engendre encore le calme et la patience qui seuls en imposent véritablement à l'enfant, tandis que l'emportement et la colère sont stériles et dangereux : ils troublent l'enfant sans l'améliorer et faussent l'influence des personnes qui s'y laissent aller. De même, lorsqu'on réprimande ou qu'on morigène sans cesse les enfants, d'une façon presque machinale, l'influence de l'éducateur s'use promptement; l'enfant s'y habitue et n'y attache plus aucune importance. Au contraire, un bon procédé quelconque, — tel que la persuasion, l'encouragement, un reproche ferme et sérieux fait à propos, — vient aisément à bout de ces jeunes êtres.

On sait qu'il existe chez les enfants une multitude de petits travers et de légers défauts qu'on est obligé de combattre, mais peu de personnes comprennent la supériorité qu'offre sur tous les autres systèmes l'emploi de la douceur : elle rend l'enfant plus confiant, ce qui permet de scruter plus aisément les replis de son jeune cœur; on ne laisse pas ainsi aux travers et aux défauts qu'on aura découverts chez lui, le temps de se développer ou de prendre racine. Il est prouvé que la crainte des traitements sévères pousse facilement les plus jeunes êtres à nier les petits méfaits qu'ils peuvent avoir commis : ils obéissent en cela à un instinct de conservation très-naturel. La crainte rend donc l'enfant menteur, tandis que la confiance le rend expansif et sincère.

Ce n'est pas seulement dans le premier âge que cette direction par la douceur unie à la fermeté doit servir de règle; à mon avis, elle devrait régir à toute époque les relations des parents avec leurs enfants, aussi bien que celles de tous les éducateurs avec leurs élèves. Le père et la mère devraient se soutenir mutuellement dans l'exercice et l'application de ces procédés, à toutes les phases de l'éducation et en toute circonstance. Malheureusement, cela ne se fait pas encore aussi généralement qu'on pourrait le désirer; beaucoup de pères, en effet, ont le tort grave de ne pas appuyer de leur fermeté les commencements difficiles de l'éducation; ils s'affranchissent presque complétement de cette tâche; plus tard, de même, ils croiraient déchoir de leur autorité s'ils écoutaient les sentiments de leur cœur et donnaient libre cours à leur affection, dans les rapports avec les enfants.

Ils ont tort, je le répète; qu'ils se laissent aller à leur tendresse et à leur indulgence, mais qu'ils sachent en même temps déployer la fermeté et la justice quand cela devient nécessaire. Ils disposeront ainsi d'une influence d'autant plus grande qu'elle s'exercera dans un double sens, d'abord par la confiance qu'ils inspireront à leurs enfants, ensuite par l'autorité que ceux-ci leur reconnaîtront.

Toutes ces observations sur la conduite à suivre avec les enfants s'adressent non-seulement aux parents, mais aussi à tous les éducateurs qui veulent remplir dignement leur rôle ; outre les connaissances dont ils doivent être pénétrés à cet effet, leur plus grand objectif doit être de se rapprocher autant que possible des parents, c'est-à-dire de s'assimiler en quelque sorte à eux dans l'accomplissement de leurs devoirs.

On voit quel grand discernement et quelle circonspection excessive les parents doivent apporter dans le choix des personnes destinées à les aider ou à les remplacer. Oui, dès les premières années de l'enfant, les plus inconscientes en apparence au point de vue de son développement moral, l'entourage qu'on lui donne exerce déjà une grande influence dont on ne se rend pas suffisamment compte. Il en est ainsi, par exemple, des simples bonnes d'enfants qu'on est obligé d'employer pour les soins matériels; la fréquence de leurs rapports avec l'enfant leur donne forcément une grande influence sur le caractère et le tempérament de celui-ci. Il importe dès lors que leur naturel soit en harmonie avec l'atmosphère de bonheur dont on veut entourer l'enfant.

Dans la suite de l'éducation, lorsque, sorti des mains des domestiques, l'enfant devra être confié aux personnes qui auront à prendre soin de son instruction et à cultiver son intelligence, il sera indispensable que ces personnes possèdent également le savoir nécessaire et les qualités de caractère répondant au but qu'on doit poursuivre avant tout, c'est-à-dire la culture morale de l'enfant.

Outre les deux moyens d'éducation que nous venons d'examiner, il en est un troisième qu'on peut instamment recommander aux éducateurs : ce moyen consiste dans la liberté dont il faut doter l'enfant aussitôt que possible, et dans la limite où ce nouveau privilége de l'humanité peut lui être octroyé sans danger.

Cette liberté se traduit pour l'enfant par

le libre développement de ses goûts, de ses facultés et de ses instincts, par la spontanéité de ses mouvements, de ses actes, de ses jeux : c'est avant tout, pour l'enfant, le respect de son individualité. Arrière donc l'idée préconçue de vouloir former le caractère de l'enfant d'après un moule convenu, au lieu de le laisser se développer dans toute son indépendance et son originalité; arrière les vieux procédés qui surmenaient l'enfant dans le but aléatoire de l'instruire plus vite et d'ouvrir plus hâtivement son intelligence! Le seul résultat de ce procédé est d'enrayer son développement physique, si important, puisque c'est la source de la vigueur du corps et la promesse de l'énergie de l'âme.

Donnée dès l'enfance, la liberté a pour effet de préparer le jeune homme à cet art difficile de se gouverner librement lui-même; au futur citoyen elle enseigne l'usage raisonnable des libertés publiques.

Après avoir assigné à l'enfant un rôle si prépondérant dans la famille, après avoir réclamé pour lui une direction inspirée par la douceur, le plus grand bonheur possible, et une liberté relativement étendue, il convient de dire qu'il ne faut pas méconnaître non plus les nombreuses objections qui peuvent être faites contre l'emploi de ces divers procédés dans l'éducation.

Ainsi, on prétendra que l'habitude d'être considéré comme le centre de la famille, de voir tous ceux qui l'entourent lui prodiguer leurs soins et leur sollicitude, peut faire naître chez l'enfant cet égoïsme qui se développe si facilement dans de telles conditions, et amoindrir à ses yeux le rôle et l'autorité des parents. Pareillement, la tendresse, les soins, le luxe dont on entoure l'enfant, parfois jusqu'à la gâterie, joints à la possession d'une certaine liberté, pourraient naturellement le pousser à s'attribuer une trop grande importance et engendrer chez lui la présomption précoce et le dédain d'autrui, le tout au détriment de son avenir.

On pourra objecter que la liberté donnée de bonne heure favoriserait l'éclosion d'une indépendance déraisonnable et prématurée, qui devient un obstacle à l'exercice de toute autorité de la part des supérieurs. On soutiendra peut-être aussi que pour certaines natures turbulentes, indomptables, seules la sévérité et une discipline rigoureuse peuvent avoir raison d'elles. Enfin, n'invoquera-t-on pas des exemples où les entraves et la rigueur dans l'enfance, même les privations et les luttes contre la misère dans la jeunesse, ont justement produit chez certains hommes des qualités et cette grandeur de caractère qui les ont élevés au-dessus de leurs contemporains?

Ces nombreuses objections paraissent devoir ébranler le principe posé d'une éducation de douceur, de bonheur et de liberté, principe qui, mis à la disposition des éducateurs, peut paraître une arme à double tranchant, dangereuse dans sa pratique et dans ses résultats. Et, de fait, ces objections ont leur raison d'être, mais uniquement dans le cas où les parents et les éducateurs exagéreraient l'emploi des moyens recommandés; elles tombent aussitôt que l'on use de ces moyens avec une prudence intelligente, avec le tact et la fermeté voulus, qui seuls peuvent assurer à ce système d'éducation sa valeur et son succès.

Non, le grand dévouement, l'indulgence, la bienveillance, le bonheur, la liberté, employés comme principes et comme moyens d'éducation, n'excluent pas les éléments qui donnent aux caractères l'énergie et la trempe indispensables pour former l'homme supérieur; seulement il y a ici, comme dans tout ce qui s'adresse au côté moral de notre être, une difficulté extrême à procéder avec une juste mesure; cette difficulté est même plus grande encore pour tout ce qui concerne l'éducation, parce que, malheureusement, nous ne sommes pas assez trempés de notre côté pour résister à la faiblesse ou aux entraînements, si doux parfois, auxquels l'amour des enfants peut nous pousser, et parce que la préparation que nous possédons nous-mêmes pour faire des éducations est insuffisante. Il est donc nécessaire de réparer, autant que possible, cette insuffisance chez les générations qui nous suivront, afin de les rendre non-seulement meilleures que nous, mais aussi plus fortifiées contre leurs propres entraînements, et mieux armées que nous contre toutes les difficultés de la vie.

Un perfectionnement progressif résultera du discernement de plus en plus grand avec lequel les éducateurs pourront se servir des moyens auxquels je donnerais volontiers, pour mieux les définir, le nom général de moyens ennoblissants. Ils comprendront aussi de mieux en mieux, surtout les parents, ces éducateurs essentiels, la nécessité du travail qu'il y a à faire sur soi-même pour réaliser cette union d'amour, de fermeté et de sagesse qui doit être le guide suprême dans l'éducation. Le découragement ne les atteindra plus lorsqu'ils se rendront compte de leur vrai rôle, c'est-à-dire lorsque leur plus grande ambition sera de rendre les enfants supérieurs à leurs parents, ainsi que le veut l'ordre de l'univers.

Quant aux éducateurs inquiets, qui auraient des craintes ou des doutes sur le choix des moyens à adopter dans certains cas difficiles ou spéciaux, nous voudrions les rassurer par cette pensée qui est, en quelque sorte, la substance et la conclusion de ces pages :

Chacun trouvera en lui-même les moyens d'éducation les plus efficaces, du moment où il sera bien pénétré de cette idée que le devoir le plus sacré, le but le plus évident de notre existence, consiste dans le perfectionnement des générations qui doivent nous succéder, et dans la tâche de contribuer au progrès universel et incessant. Alors, on fait de son mieux, on déploie toutes ses facultés pour devenir plus ferme dans ses convictions et dans ses principes, on s'élève en élevant les autres, et l'on peut avoir la certitude de faire prospérer moralement les êtres à l'éducation desquels on s'est dévoué.

FIN.

TABLE

PARIS. TYPOGRAPHIE E. PLON, NOURRIT ET Cie, RUE GARANCIÈRE, 8.